ENTRETIENS

DE VILLAGE.

Imp. Schneider et Langrand, rue d'Erfurth, 1.

ENTRETIENS

DE

VILLAGE

PAR

TIMON.

PARIS,

PAGNERRE, ÉDITEUR,

RUE DE SEINE, 14 BIS.

—

1845

1846

AVERTISSEMENT

DE L'ÉDITEUR.

Plusieurs de ces dialogues ont paru il y a dix ans, sous le titre de *Dialogues de Maître Pierre*, et Timon les a refondus, après en avoir, avec soin, retranché toutes les allusions politiques ; il y a joint une quantité de dialogues inédits et sur des sujets très-divers, en sorte que c'est aujourd'hui un livre tout à fait nouveau, livre d'enseignement moral et d'utilité positive, et qui peut être lu par tous, et servir à tout le monde.

On a composé d'excellents ouvrages pour les habitants des villes. mais nous croyons que l'on n'a encore rien fait jusqu'ici d'aussi utile et d'aussi complet pour le peuple des campagnes qui mérite tant d'être enseigné, soulagé, consolé. Timon ne s'est pas borné à créer d'ingénieuses théories ; il a mis en pratique, à la sueur de son front, la plupart des œuvres dont il recommande la propagation.

Comme ce livre a particulièrement pour but l'amélioration de la condition des villageois, Timon a voulu, d'une part, que nous le missions au meilleur marché possible, et, d'autre part que le produit de la vente fût destiné aux pauvres. Nous remplirons fidèlement ses intentions.

PAGNERRE.

ENTRETIENS

DE VILLAGE.

—————

I

NÉCESSITÉ DE L'ENSEIGNEMENT PRIMAIRE.

FRANÇOIS.

Vous me voyez désolé, maître Pierre.

MAITRE PIERRE.

Et pourquoi?

FRANÇOIS.

Vous savez que je suis membre du conseil municipal; eh bien, figurez-vous qu'il vient de refuser des
fonds pour l'instruction primaire.

MAITRE PIERRE.

Par quelle raison?

FRANÇOIS.

Il y a des municipaux qui ont dit que les impôts sont
déjà bien lourds, et qu'ils ne se souciaient pas d'ajouter à cette charge.

MAITRE PIERRE.

Mais c'est un devoir, pour chaque commune, de
nourrir ses pauvres et d'instruire ses enfants. Il ne s'a-
git pas ici d'un impôt général dont l'argent sort de la
commune et va ailleurs, mais d'un impôt local dont la
commune seule profite.

FRANÇOIS.

Il y en a aussi qui disaient : Nos pères ont bien vécu
sans savoir lire ; nous avons bien fait comme eux ;
pourquoi nos enfants ne feraient-ils pas comme nous?
L'essentiel est de travailler et de gagner sa vie. Il vaut
mieux tenir dans sa main un manche de charrue qu'un
livre.

MAITRE PIERRE.

L'un n'empêche pas l'autre. L'homme n'a pas seulement un estomac à remplir, des bras à mouvoir et des
pieds à faire marcher ; il a une intelligence qui le dis-
tingue des animaux, et qu'il doit nourrir du pain de
l'instruction ; il a des devoirs, d'abord envers les autres et ensuite envers lui-même, car les premiers sont
plus sacrés que les seconds dans l'état de société, si
les seconds sont plus impérieux que les premiers dans
l'état de nature. La nature ne nous apprend pas nos devoirs sociaux, qui sont écrits dans les livres des moralistes et dans les préceptes des législateurs. La nature ne

nous apprend pas les moyens légaux par lesquels un citoyen exerce ses droits. L'ignorance, François, ne convient qu'aux esclaves, aux serfs et aux brutes. L'instruction efface et corrige, par la supériorité des conditions intellectuelles, l'inégalité des conditions sociales. Avec des lois pareilles et des institutions pareilles, les peuples ignorants sont plus grossiers et plus cruels, plus superstitieux et plus pauvres, et les peuples instruits sont, au contraire, plus polis, plus doux et plus humains, plus vertueux et plus riches.

Un paysan qui sait lire, écrire, calculer et dessiner, trace avec sa charrue un sillon plus droit, taille mieux ses arbres qui poussent davantage, bâtit ou répare sa maison avec plus de solidité et d'économie, sait mieux les méthodes de culture et les soins des animaux, vend, loue, achète, échange, prête, emprunte, hypothèque et conduit ses affaires avec plus d'ordre et de gain.

S'il est père de famille, il n'a pas besoin de quitter ses travaux et de perdre son temps et son argent, pour aller à la ville voisine, consulter l'avoué, l'huissier, le notaire, faire un simple billet, donner une quittance, rédiger un acte sous seing privé, ou écrire à sa fille absente et en condition, ou à son fils qui est à l'armée, ou mettre les tiers dans la confidence de ses amitiés, de ses antipathies et de ses affaires.

S'il est garçon, domestique ou militaire, il peut s'épancher, dans ses lettres, avec son vieux père ou sa bonne mère, ou sa sœur, et leur confier, sans témoin, ses peines, ses espérances, ses secrets, ses plaisirs.

S'il aime la considération et s'il est jaloux de servir ses concitoyens, il peut devenir plus facilement conseiller municipal, membre du comité de surveillance, instituteur, arpenteur, adjoint, maire.

S'il est soldat et qu'il ait du goût pour la carrière des armes, qui empêche qu'il ne parvienne, avec du courage, de la probité et de la bonne tenue, à être sergent, officier, capitaine et plus, et qu'il ne retourne au village pensionné et décoré ?

FRANÇOIS.

Il y a aussi des municipaux qui prétendaient qu'étant célibataires ou n'ayant que des filles, ils ne voyaient pas pourquoi on les imposerait, à l'effet d'apprendre à lire aux fils de leurs voisins.

MAITRE PIERRE.

À ce compte, François, ces municipaux-là devraient aussi refuser de payer l'impôt foncier ; car l'argent qu'ils versent dans la caisse du percepteur sert à creuser des ports de mer, à armer des vaisseaux qu'ils ne verront jamais, eux habitants d'une montagne de l'intérieur, et à paver des routes situées à cent lieues d'ici et sur lesquelles ils ne passeront ni à pied ni en voiture. Tous les Français ne sont-ils donc pas membres de la même famille ? Tous se doivent assistance de proches et de concitoyens. Tous doivent participer aux charges communes. Si je donne aujourd'hui, je reçois demain ; et sans chercher des exemples bien loin, celui qui paye quelques centimes additionnels pour que le fils d'un habitant de sa commune aille à l'école, bénéficie à son tour des prestations en nature ou en argent que cet habitant fournit pour la réparation d'un chemin vicinal, dont le premier use et dont le second ne se sert pas. La vie sociale n'est qu'un échange de devoirs réciproques.

FRANÇOIS.

Ajoutez, maître Pierre, que ces enfants, retenus à l'école, sous la verge de la discipline, ne vaguent point par les champs, ne traversent pas les haies, et ne vont point marauder dans les vignes et les vergers : de tout quoi notre municipal récalcitrant profite, d'autant qu'il a plus de vergers et de vignes.

Un autre conseiller objectait aussi qu'il avait besoin de son fils pour garder ses bestiaux, et que, par cette raison, il ne l'enverrait pas à l'école.

MAITRE PIERRE.

C'est-à-dire qu'il regarde son fils comme un instrument, et que, pour recueillir un petit lucre de son travail, il l'empêche de recueillir un plus grand bénéfice de l'instruction. Est-ce là, François, aimer véritablement ses enfants ? N'est-ce pas plutôt manquer à ses devoirs de père ? car, si nos enfants nous doivent vénération, amour et assistance, nous leur devons à notre tour le pain du corps et de l'esprit. Un fils n'appartient pas seulement à son père comme un meuble, comme un champ dont il peut user et abuser, il appartient aussi à l'État. Si vous êtes pauvre, l'État fournit l'éducation à votre enfant ; si vous êtes riche, vous la lui devez. De quel droit lui demanderez-vous un jour du respect, si vous l'avez privé, dans son bas âge, de l'instruction qui lui eût appris à vous respecter ? De quel droit lui demanderez-vous des aliments, si vous ne lui avez pas permis de développer les facultés intelligentes et productives dont la nature l'avait peut-être doté ? Vous l'avez négligé dans son enfance, et il vous négligera dans votre vieillesse. Vous avez été mauvais père, ne vous plaignez pas s'il est mauvais fils.

FRANÇOIS.

Enfin, maître Pierre, la dernière objection du conseil municipal était que les riches peuvent s'arranger avec l'instituteur comme ils l'entendent, et que pour les pauvres, ils s'arrangeront comme ils pourront.

MAITRE PIERRE.

Il arriverait de là, François, que, les pauvres ne pouvant payer et les riches ne le voulant pas, l'instituteur fermerait son école.

Que les riches connaissent mal leur devoir et leur intérêt ! Leur devoir, car les pauvres sont leurs frères, leurs frères, égaux par la loi de religion et par la loi de nature, inégaux seulement par la loi de société. Les pauvres ne leur demandent pas de partager l'héritage matériel de leurs champs, de leurs rentes et de leurs maisons ; la loi de la propriété s'y oppose : ils ne leur demandent qu'à partager, pour une bien faible part encore, l'héritage immatériel de l'intelligence, ce domaine commun des hommes ; la loi de justice y oblige.

FRANÇOIS.

Vous parlez d'or, maître Pierre, et je voudrais que dans les campagnes, l'instruction fût gratuite, ainsi qu'elle l'est dans les villes pour les enfants des ouvriers.

Je vois avec peine, maître Pierre, que tous les enfants pauvres du village, même ceux de bonne volonté, ne soient pas admis à l'école ; est-ce que la loi le veut ainsi ?

MAITRE PIERRE.

La loi s'en rapporte, sur ce point, au conseil municipal.

FRANÇOIS.

Pourquoi donc le conseil municipal ne porte-t-il pas sur la liste des écoles gratuites, tous les enfants indigents de la commune ?

MAITRE PIERRE.

C'est que les parents aisés qui payent une rétribution, craignent qu'en augmentant trop le nombre des enfants pauvres et non payant, les enfants payant ne reçoivent pas des leçons assez assidues et assez complètes ; en un mot, ils ne veulent pas que la classe soit trop nombreuse. Pour cela, on ne prend qu'un enfant pauvre sur deux ou trois dans la même famille, et même on élève un peu arbitrairement à la classe d'habitants en état de payer, de malheureuses gens qui sont tout à fait hors d'état de le faire.

Pour plaire aux parents aisés qui payent seuls la rétribution proportionnelle, l'instituteur a intérêt à n'avoir que le moins d'enfants possible ; il a aussi par là moins de peine, et c'est un abus auquel il faudrait remédier. Alors le chiffre total des enfants reçus à toutes les écoles de France s'augmenterait de beaucoup.

FRANÇOIS.

Je crois encore, maître Pierre, que vous feriez bien de signaler un autre abus.

Vous savez qu'il y a dans les campagnes, comme à la ville, trois classes : les riches, les moyens et les petits. Or, les riches payent la rétribution de dernière classe, les pauvres n'en payent aucune, et les moyens qui sont tout près des petits, ne se sentant pas en état d'acquitter une taxe, même de seconde espèce, n'envoient pas à l'école leurs enfants, qui n'y vont pas, en effet, parce qu'ils ne sont ni assez riches, ni assez pauvres. Or, on nous dit que c'est la classe moyenne qui est aujourd'hui la plus intelligente et qui gouverne le pays : cela peut être vrai pour les villes, mais, comment dans la campagne serait-elle la plus intelligente si bientôt, faute d'aller à l'école, elle ne saura ni lire, ni écrire, ni compter ?

MAÎTRE PIERRE.

Pour remédier à cet abus, j'ai connu quelqu'un qui, dans sa commune, payait pour les enfants de la classe moyenne, la moitié, le tiers ou les trois quarts de la taxe secondaire; mais ce n'est là qu'un remède isolé; il faudrait que l'instruction primaire fût, de même qu'en certains pays de l'Europe, gratuite et obligatoire.

Mais nos mœurs y résistent encore ; l'instruction primaire a été regardée comme une charge des communes, et tu vois, François, combien cette charge, toute légère qu'elle soit, pèse aux conseils municipaux qui cherchent du moins à s'en alléger le plus possible, n'ayant pas le droit de s'en décharger tout à fait, comme la plupart le voudraient.

FRANÇOIS.

Vous croyez donc, maître Pierre, que le gouverne-

ment a eu raison d'imposer aux communes, à défaut de
vote spontané, l'obligation de payer un maître d'école?

MAITRE PIERRE.

Sans cette disposition de prévoyance, François, il
n'y avait pas de loi, car il y a des départements où
sur cent conseils municipaux de villages, soixante ont,
dans l'origine, refusé de voter un instituteur.

Le même reproche, il est vrai, ne peut s'adresser aux
conseils municipaux des villes.

FRANÇOIS.

Il y a cependant des communes urbaines qui sont en-
dettées et sans revenus, tandis qu'il y a des communes
rurales, riches de bois, de prairies, de loyers et de re-
devances foncières, et de rentes sur le grand-livre.

MAITRE PIERRE.

C'est que dans les villes, un conseil municipal, assez
ignare pour refuser les fonds d'une école, serait ba-
foué et montré au doigt par les petits enfants; tandis
que, dans les villages, le conseil municipal qui passe
pour le plus habile est toujours celui qui vote le moins
de dépenses, nécessaires ou non. La grande affaire
pour les campagnards, c'est de ne pas payer. Il est vrai
de dire que les habitants de la ville ne sont pas fâchés
que l'école les débarrasse de leurs enfants pendant
les heures de travail, et que les habitants de la campagne, au contraire, s'en servent chez eux, pour toutes
sortes d'usages, dès l'âge le plus tendre.

Quoi qu'il en soit, il y a dans les villes un sentiment
plus relevé du juste et de l'injuste, du bien et du mal,
des droits et des devoirs de la communauté. Cela n

vient pas assurément de ce que les villes sont peuplées d'hommes d'une différente espèce, mais de ce que les lumières et l'instruction y sont plus répandues. Les faiseurs d'idylles vantent beaucoup la simplicité et la pureté des mœurs du village, et ils déclament contre la corruption des villes ; mais les faits démentent leurs imaginations.

Dans les villages reculés et qui manquent d'écoles, au fond des bois surtout et loin des centres de civilisation, les paysans ne mènent que trop souvent une vie de brute. Il y a chez eux un jurement de langage qui est plutôt de la rudesse que de la simplicité ; il y a une façon de vivre qui est plutôt de la grossièreté que de la tempérance. Il y a, dans les occasions, un pêle-mêle de garçons et de filles, qui est plutôt de la bestialité que de l'innocence. Les mères battent quelquefois sans pitié leurs enfants, qui rossent, à leur tour, sans pitié les animaux. Les filles reviennent des fêtes sans leurs mères bras croisés avec les garçons, fort avant dans la nuit, et combien se marient, étant déjà grosses. Les hommes, époux ou célibataires, abusent de leurs servantes ; des multitudes d'enfants périssent en bas âge faute de soins, de remèdes et de médecins, et par l'avarice des parents. Les vieillards sont délaissés et jetés là sur la paille et dans un coin. Les vapeurs pestilentielles du fumier enveloppent la lucarne par laquelle la chaumière reçoit un peu de soleil et de clarté. On y croit à toutes les superstitions, aux charlatans et pas aux médecins ; aux sorciers et pas aux curés ; au diable dont on a peur, et pas à Dieu dont on n'a point d'idée : à la force qui opprime et pas au droit qui protége; à l'intérêt qui s'approprie le bien d'autrui, et pas à la justice qui ordonne de le respecter.

La férocité des habitudes, l'individualisme de la personne ou de la famille, et l'amour sordide du gain, y étouffent presque tous les instincts de sociabilité. Il y a tel pauvre ouvrier de ville, tel cordonnier, tel menuisier, tel tailleur, qui gagne trois francs par jour, et qui, pour soulager un malheureux, donnera par souscription, vingt ou trente sous; et tel campagnard, riche de trente ou quarante mille francs de patrimoine, ne pourra se décider, qu'après plus d'une heure de très-mûres réflexions, à lâcher cinquante centimes. Je n'hésite pas à dire que les belles actions, les actions vertueuses, courageuses, désintéressées et fraternelles sont, pour les villes, dans la proportion de cent, et pour les campagnes, dans la proportion de dix seulement.

Est-ce à prétendre, pour cela, que le fond du citadin vaut mieux que le fond du campagnard? Non point, non point. Il y a même dans les villes, les grandes surtout, une populace de lie et de corruption qui semble ne pouvoir se tenir droit que sous l'œil et la verge de la police, et je n'entends comparer ici que la moralité des classes ouvrières de nos villes et de nos campagnes; si, dans cette comparaison, je donne la préférence aux villes, c'est uniquement parce que les villes sont des centres de civilisation où la science se meut d'un mouvement perpétuel, tandis que les campagnes dorment dans le sommeil de l'ignorance. Elles sont trop oubliées par l'autorité qui siége dans les villes et qui épuise autour d'elle toutes ses forces productives, n'envoyant aux campagnes que des ordres, souvent mal exécutés, et ne leur laissant que leur activité propre qui s'éteint bientôt, faute de direction plutôt que d'aliments.

La Providence, en jetant les hommes sur la terre, n'a pas distingué les villes des villages ; elle nous a faits tous semblables, et sans qu'il résultât de différence trop grande des organisations individuelles et des climats. Les hommes naissent donc tous à peu près avec les mêmes facultés et les mêmes penchants ; l'éducation seule fait la différence de nos vertus et de nos talents.

II

OBJET DE L'ENSEIGNEMENT.

FRANÇOIS.

Je comprends maintenant pourquoi vous attachez un
si grand prix à l'éducation des villages, et, comme
membre du comité local du mien, je ne serai pas fâché
de savoir ce que vous pensez sur le choix d'un instituteur, sur l'emplacement de l'école, sur le montant de la
rétribution, sur les méthodes, la propagation et les matières de l'enseignement.

MAITRE PIERRE.

Volontiers, François. Je ne connais pas de sujet plus
digne de méditation.

Il y a, dans notre pays, vingt-sept millions de campagnards sur trente-cinq millions d'hommes ; ils sont
la souche de notre race gauloise, la pépinière de nos
armées et les pères nourriciers du commerce et de l'industrie. Honneur aux modestes citoyens qui s'occupent

de l'instruction du peuple des campagnes ! ils méritent bien de la patrie.

Le choix des maîtres d'école est beaucoup trop resserré par la parcimonie de leurs émoluments. C'est aujourd'hui un métier plutôt qu'une profession. On se fait instituteur, ne pouvant être terrassier ou maçon. Les écoles normales ne fournissent guère de sujets d'élite qu'aux villes d'arrondissement ou chefs-lieux de canton. Qui voudrait, pour deux cents francs et le logement, aller s'ensevelir dans l'ennui et l'obscurité d'un village ? Avec quelques millions de plus, et dût-on en mettre vingt, on pourrait donner aux instituteurs, sur les fonds du trésor, un traitement de sept cents francs, en outre d'un supplément facultatif et d'un logement obligatoire, fournis par les communes, et l'on aurait alors des instituteurs distingués par leur éducation et par leurs manières simples, mais polies. Plusieurs autres avantages en résulteraient.

Les enfants, sous un meilleur maître, feraient des progrès plus rapides, plus étendus et plus solides. L'influence de son instruction plus variée, de sa conversation, de ses rapports, de ses habitudes, de son personnel, en un mot, agirait puissamment sur le respect et l'obéissance des écoliers, ainsi que sur la confiance et le moral de leurs familles.

Les petites communes ne seraient pas sacrifiées aux grandes qui reçoivent leur cotisation, et non leurs enfants à cause des distances. Le traitement d'ailleurs pourrait varier, selon l'importance des communes, lorsque les réunions ne seraient pas commodes et praticables.

Les pères et mères chargés de famille, qui ne sont pas tout à fait indigents ni tout à fait aisés, et qui ne peuvent pas payer la taxe arbitrairement fixée par le conseil municipal, enverraient leurs enfants à l'école, si l'enseignement était gratuit.

L'instituteur serait, d'obligation, secrétaire de la mairie ; ce qui introduirait plus de régularité dans les écritures de la commune, les registres de la recette et de l'état civil, les bulletins des lois, circulaires et procès-verbaux, et ce qui donnerait aux habitants plus de facilité pour avoir des maires honnêtes gens, mais pauvres, qui refusent aujourd'hui cette fonction, à cause des difficultés de la correspondance et du temps perdu à rédiger, écrire et expédier les actes de l'administration.

L'emplacement de l'école n'est pas non plus, François, chose sans importance. Il s'en faut que toutes les communes aient des écoles bâties tout exprès. La plupart louent, pour cet usage, des chambres humides, non carrelées, où la lumière, si indispensable à la vie, pénètre mal par quelques ouvertures étroites, et où l'air ne circule pas. Ces petites pièces sont échauffées dans l'hiver par des poêles de fonte ; et les enfants qui y entrent et qui en sortent, sont exposés à de brusques changements de température, très-préjudiciables à leur santé. Il n'y a, presque nulle part, des cours ou préaux pour les heures de récréation, qu'ils passent la tête nue et les pieds dans la boue.

Un lieu sec, proportionné pour l'étendue au nombre des écoliers, bien carrelé et bien ventilé, un chauffoir modéré, des fenêtres assez hautes et assez spacieuses pour verser le jour sur les livres et les écritures, un préau pour les récréations, herbé ou pierré, ferme sous les pieds : voilà ce qui doit attirer la sollicitude des maires, des comités de surveillance et des inspecteurs d'études. On ne fait pas assez d'attention aux conditions hygiéniques pour les pauvres enfants du village, qui ne sont pas moins précieux à leurs parents et à la patrie, que les fils de bonne maison.

Parlons des méthodes.

La méthode de l'enseignement mutuel pur ou mitigé, quoique peu répandue dans les campagnes, produit d'excellents effets. Elle apprend plus vite et à un plus grand nombre ; elle stimule l'émulation des indigents, et corrige la vanité des riches qui n'est pas moins exigeante et moins incommode à la campagne qu'à la ville ; elle soulage le maître, en lui donnant des aides dans les moniteurs ; elle accoutume à la discipline, par la baguette de leurs égaux, des enfants naturellement indisciplinés. Les races des champs sont moins étiolées, moins affaiblies par toutes sortes de virus héréditaires que les races des villes, et, comparaison faite, les petits campagnards ont une aptitude d'esprit, égale sinon supérieure à celle des enfants de la cité ; ils sont doués généralement d'une attention plus forte et d'une humeur moins légère.

La propagation de l'enseignement concerne les maîtres aussi bien que les élèves. Il n'est pas moins important d'instruire les premiers que les seconds.

Il faudrait que tous les instituteurs du département se rendissent par catégories, pendant les vacances de l'été, au chef-lieu de l'école normale. Là, ils suivraient

des cours de théorie élémentaire ; ils perdraient, dans
la politesse d'un langage plus épuré, l'accent vicieux,
les locutions grossières du village ; ils subiraient des
examens ; ils apprendraient les méthodes nouvelles, la
grammaire, le dessin linéaire, la géographie, l'arpentage ; ils révéleraient, aux yeux exercés du professeur
normal, leurs diverses aptitudes. De là, plus d'émulation, plus d'unité d'enseignement, plus de lumières,
plus de réaction fécondante sur la moralité et l'instruction des campagnes.

Le conseil général du département allouerait une
faible indemnité pour frais de voyage, de logement et
de nourriture : aucune allocation ne serait mieux placée ; car c'est là une dépense départementale de première ligne, une utile, une productive dépense (1).

Je voudrais aussi qu'à des jours fixes de l'année, le
sous-préfet de chaque arrondissement, ou le secrétaire
de la sous-préfecture, qui est en général un homme
expérimenté, enseignât aux instituteurs convoqués au
chef-lieu, les premiers éléments de l'administration pratique, la tenue des registres d'une mairie rurale, la rédaction des procès-verbaux, arrêtés du maire et délibérations du conseil communal, et qu'il leur donnât
quelques notions sommaires des droits et des devoirs
municipaux.

Les maîtres d'école, qui ne sont pas sujets aux mêmes
renouvellements, démissions et remplacements que les
maires, et qui vieillissent dans leur emploi, aideraient

____

(1. Depuis dix ans, les écoles normales et leurs exercices périodique
se sont heureusement multipliés.

les autorités de village, comme secrétaires de la mairie, du secours de leur plume, de leur rédaction, de leur mémoire et de leur jurisprudence traditionnelle. La bonne administration de la localité et celle du chef-lieu y gagneraient toutes deux.

Il est utile que le peuple prenne en devoir, en goût, en affection, l'instruction primaire. Mais il faut l'y aider par des exhortations pleines de zèle et, en quelque sorte, de tendresse.

Les indigents vous remercieront du don d'une pomme ou d'un couteau ; mais ils ne vous remercieront pas du bienfait immatériel de l'instruction gratuite : il faut les prier, les supplier, se mettre à leurs genoux, pour qu'ils se déterminent à envoyer leurs enfants chez le maître d'école. Cette tâche de propagande, cette mission sainte et populaire, mais ingrate, veut de la charité, de bons avis, des exemples, de la patience, une longue patience, du temps, beaucoup de temps.

Je désirerais aussi qu'à la fin de l'année scolaire, il se fît des distributions de prix, dans les écoles de village aussi bien que dans les colléges. Le maire, assisté du conseil municipal et du comité de surveillance, ferait cette distribution devant les familles des élèves. Je n'ai pas besoin de développer les puissants effets d'une semblable cérémonie sur l'émulation des enfants, le zèle de l'instituteur, les progrès des études et l'amélioration intellectuelle de la commune ; enfin, je désirerais qu'à l'instar des curés de village, les instituteurs de village eussent entre eux des réunions périodiques pour tenir conférence sur les méthodes de l'instruction.

J'arrive, François, aux matières de l'enseignement populaire.

La loi les a sagement définies.

Mais je dois insister sur plusieurs points omis ou délaissés. Les instituteurs ne peuvent enseigner que ce qu'ils savent, et les dix-neuf vingtièmes ne savent pas le dessin linéaire. Or, le dessin linéaire apprendrait aux habitants de la campagne à construire leurs maisons, granges, bâtiments et murs, avec plus d'aplomb, et par conséquent de solidité : à mesurer leurs champs, leurs fossés et leurs haies; à tracer des lignes droites ou courbes, dans les terrassements, avec plus de correction et de grâce. Il leur donnerait quelques notions de l'élégance et du beau. Il rectifierait leur main et leur coup d'œil. Il façonnerait de plus adroits maçons, charpentiers, menuisiers, serruriers, tonneliers et maréchaux.

Rien de plus nécessaire et de plus facile à enseigner aux enfants que les nouvelles mesures métriques de poids, de distance, de grandeur, de capacité, à l'aide d'un tableau figuratif qui représente toutes ces mesures, pour ainsi dire, en relief. Cette étude se lie nécessairement à l'enseignement du calcul décimal.

La géographie élémentaire n'est pas non plus enseignée dans les campagnes. Les murs de la classe sont nus; aucune carte presque ne les tapisse. Les campagnards ne connaissent pas même les villes de leur département, ni leur situation, ni leur importance, ni leur population, ni leur distance entre elles, ni les fleuves, canaux et routes qui le traversent, le longent ou le tournent. À peine s'ils savent qu'ils sont Français. Ils ignorent où leurs enfants militaires tiennent garnison, et, s'il y a guerre, où se battent nos armées. De l'Europe et des autres parties du monde, rien ; l'univers est pour eux, dans l'enceinte de leurs communes et dans la ligne qui mène aux foires voisines, et qu'ils suivent sans s'en écarter du vol d'un oiseau ; ils connaissent, pour tout horizon, le sommet de leur montagne ou le bout de la plaine : le reste est du ouï-dire, et ne laisse dans leur mémoire que des images confuses et fausses.

Les cartes actuelles, surchargées de clochers, de subdivisions, de points noirs, de lignes, de forêts, d'aspérités, de bariolures et de détails, augmenteraient le trouble de leur vue et de leur intelligence ; il leur faudrait une incroyable contention d'esprit pour les comprendre et encore plus pour les retenir. Ce sont des cartes nouvelles qu'il faut éditer, à l'usage des écoles rurales seulement, et dans lesquelles, passant du simple au composé, qui est le procédé le plus naturel, on masserait l'Europe par royaumes, avec ses continents, ses mers, ses grandes chaînes de montagnes, et sa configuration orientée.

La carte de France ne figurerait que ses quatre points cardinaux, les lignes de ses fleuves principaux et les sinuosités de ses plus hautes montagnes, le nom et la place de sa capitale et de ses premières villes, et la circonférence échancrée de ses départements. L'instituteur teindrait en rouge, sur la carte de France, le département dont sa commune ferait partie.

La carte de ce département indiquerait, avec plus de détails, les arrondissements, les cantons, les villes et bourgs, les forêts, fleuves, routes et canaux. L'insti-

tuteur marquerait, par un point coloré, la situation de
la commune.

Il accompagnerait ses démonstrations, d'explications
claires et précises, et, pour mieux fixer dans l'esprit de
ses élèves les lieux, les distances et l'orientement, il
leur ferait composer et reproduire avec la craie, sur la
planche noire, d'abord par imitation, ensuite de mémoire, les trois cartes de géographie de l'Europe, de la
France et du Département.

Mais ce qu'il ne suffit pas d'écrire et de recommander
dans les lois, ce qu'on néglige dans l'exécution, trop
pour les colléges même, tout à fait pour les écoles rurales, c'est l'éducation. L'instruction alimente l'esprit,
l'éducation nourrit l'âme. L'instruction désennuie, l'é-
ducation fortifie. L'instruction fait des savants, des
demi-savants, des quarts de savants, l'éducation polit
le langage, adoucit la rusticité des manières et règle
les actions des hommes. L'instruction fait les gens experts, l'éducation fait les honnêtes gens et les bons citoyens ; l'éducation, c'est la morale.

L'intelligence, sans la morale, est pire que l'ignorance. L'intelligence, sans la morale, n'est qu'une ouvrière plus artificieuse de débauches, de crimes et de
délits.

Mais comment de pauvres maîtres d'école pourraient-
ils enseigner ce qu'ils n'ont pas eux-mêmes appris ? Il
suffit d'une âme honnête et simple pour pratiquer la
morale. Il faut plus pour l'enseigner aux autres, même
à de petits enfants ; il faut une certaine habitude de manières polies et de bon langage, une certaine réflexion
d'études, une certaine culture d'esprit. Ces choses-là ne

s'obtiendront qu'avec des instituteurs moins préoccupés des besoins matériels de la vie, mieux salariés et d'avance formés dans les écoles normales, à l'enseignement spécial des devoirs de la morale.

Après tout, cet enseignement, pour qui veut sincèrement le chercher, se trouve sans peine, et il ne faut pas le séparer de l'enseignement religieux. Le curé et le maître d'école ne doivent pas se diviser, mais se réunir pour l'éducation des enfants. N'ont-ils pas à lire tous deux dans un livre commun, le plus beau livre à la fois de morale et de religion, qui existe sur la terre, l'Evangile.

Oui, la morale de l'Evangile, si universelle et si pure, convient à tous les lieux, à tous les temps, à toutes les nations, à toutes les formes de gouvernements humains. Nos pères, privés, d'ailleurs, des enseignements et des vertus austères du stoïcisme, n'eussent été peut-être que des barbares, sans la religion du Christ qui a fait tomber l'esclavage devant la sainte égalité des âmes, qui a substitué la spiritualité d'un Dieu au matérialisme des idoles, et la fraternité des hommes à l'exploitation de la conquête, et qui, par sa douce autorité, a tempéré l'âpreté des institutions et des mœurs de la vieille Gaule.

Il n'y a pas, François, deux sortes de morale. La vraie morale est la morale religieuse, car la religion est la sanction de la morale. Or, pour la bien enseigner, dans quelle favorable condition les pasteurs chrétiens ne se trouvent-ils pas placés ? L'habitude séculaire de se rassembler à jour fixe et aux heures du repos, dans le même temple, le respect du lieu, le silence recueilli des assistants, l'action des orgues, des chants et des prières, sur les sens et sur l'âme, la sainteté de la chaire, la liberté hardie de la prédication, les récompenses et les peines d'une autre vie, la pénétrante onction et la simplicité des livres évangéliques, et jusqu'à la pompe majestueuse des cérémonies, tout y parle de Dieu, et, détachant l'homme du lien grossier des intérêts matériels, la religion prépare son cœur à recevoir et à goûter les sentiments plus purs et plus doux de l'abnégation de soi-même, de la tempérance, de la justice et de la charité.

Il y aurait bien des choses à dire, François, sur les devoirs du prêtre, sur l'autorité de sa tolérance, de ses exemples et de ses vertus, sur les tendances actuelles de son génie, sur ses rapports avec l'autorité civile, sur l'enseignement religieux ; sujets immenses, sujets qui font sourire la philosophie des villes, mais qui se lient par des liens si forts et si intimes, qui se joignent par tant de points avec toute la vie des campagnards !

FRANÇOIS.

Vous me parlerez une autre fois, maître Pierre, de l'enseignement religieux du curé ; mais dites-moi comment vous entendez que l'instituteur enseigne la morale humaine, et que feriez-vous si vous étiez maître d'école ?

III

LE MAITRE D'ÉCOLE.

MAITRE PIERRE.

Si j'étais maître d'école, j'estimerais mon humble métier au-dessus de tous les métiers du monde, et je rendrais chaque jour grâces à Dieu de ce qu'il m'est permis de former des cœurs et des intelligences ; je m'inspirerais de l'amour de mes devoirs, et je m'attacherais surtout à relever ce qui est bas, à soutenir ce qui est faible, à éclairer ce qui est ignorant, à moraliser ce qui est vicieux ; je rassemblerais autour de moi mes élèves et j'étudierais leur caractère et leurs penchants dans leurs leçons, dans leurs jeux, dans leurs sympathies, dans leurs rivalités et dans leurs raccommodements.

Mes enfants, leur dirais-je, mes chers enfants, je sens que j'ai pour vous des entrailles de père, et vous devez m'aimer, puisque je vous aime ; écoutez-moi bien !

Ce n'est pas le tout de savoir lire, écrire, et charbonner sur le tableau, quelques chiffres et quelques figures : vous avez un Dieu, des parents, des voisins, des camarades, une patrie : il faut les servir et les aimer.

Vous avez un Dieu que vous devez adorer ; car il est votre créateur et votre père à tous. Il voit tout, il entend tout, il sait tout. Il lit du haut du ciel dans le fond de vos cœurs, et rien ne lui échappe, la nuit ni le jour, rien de ce que vous dites, de ce que vous faites, de ce que vous pensez. Que Dieu soit donc toujours devant vous, et vous devant lui !

Vous serez soldats ; souvenez-vous que pour faire un bon soldat il faut être robuste, et, par conséquent, tempérant et sobre ; discipliné, et, par conséquent, obéissant ; courageux contre l'ennemi, et doux envers les prisonniers.

Vous aurez des maîtres, si telle est, pour quelques-uns, la dureté de votre condition : souvenez-vous qu'un serviteur vigilant, ponctuel, laborieux, patient et réglé, vaut mieux qu'un maître fantasque, impérieux, débauché et colère ; faites-le rougir, si vous ne pouvez le corriger par votre exemple, et sachez trouver votre récompense dans l'accomplissement de vos devoirs et dans l'estime de vous-mêmes.

Vous avez des parents, aidez-les à supporter le poids de leurs travaux ; entrez dans leur affection pour les chérir et dans leurs peines pour les consoler ; rendez-leur en tendresse, ce qu'ils vous prodiguent en soins et en sacrifices ; pliez avec douceur sous leurs remontrances ; détournez votre face de leurs faiblesses, et s'ils vous commandaient de mal faire, sachez leur résister avec décence, mais avec fermeté.

Vous avez des voisins, n'allez pas marauder dans leurs cours et jardins ; n'anticipez pas quelques sillons sur leur terre ; ne déplacez pas leurs bornes ; ne coupez pas les troncs, les branches ou les feuilles de leurs arbres, ni leur herbe, ni leurs fruits ; ne gâtez pas leurs moissons et récoltes avec vos bœufs, vaches, chèvres, porcs, volailles, chevaux et moutons. Quelque dispute pour un mur, un puits, un arbrisseau, une pâture, a peut-être brouillé vos parents avec vos voisins; prenez leurs mains, mettez-les les unes dans les autres, et soyez le lien de leur réconciliation et de leur bonne harmonie.

Vous avez des camarades, promettez-vous les uns aux autres de vous entr'aider, lorsque vous serez plus grands. Aimez-vous : il est si doux de s'aimer ! Vivez unis : l'union est la seule force des petits et des faibles. Les riches peuvent vivre dans l'isolement ; leur argent leur procure des secours, des soutiens, des bras, des amis ; mais les pauvres ont besoin de s'associer, afin de porter plus facilement leur misère. N'abandonnez donc pas vos compagnons lorsqu'ils souffrent, qu'ils sont malades, qu'ils s'absentent, qu'ils gémissent, qu'ils vous réclament ; apportez-leur vos soins, vos consolations, votre courage, vos instruments, votre travail ; donnez afin qu'on vous donne, prêtez afin que vous puissiez emprunter. Faites mieux : donnez même à ceux qui ne vous donneraient pas : prêtez même à ceux qui ne vous prêteraient pas ; faites le bien pour le bien. Obligez les autres pour les autres, non pour vous.

Vous pourrez être un jour officier de la garde nationale, conseiller municipal, maire, et qui sait même, député ; obtenez, méritez la confiance de vos concitoyens et l'honneur de leur choix, par votre probité et par vos vertus.

Adorez, je vous le répète, adorez Dieu qui fit le ciel pour la terre, la terre pour l'homme et l'homme à son image, et qui vous donna une âme pour le comprendre, des bras pour travailler, et un cœur pour aimer vos frères.

La nature vous fit égaux, et la loi de votre pays vous a fait libres ; de vos chaumières sont sortis de grands magistrats, des dignitaires de l'Église, d'illustres savants, d'habiles ministres, d'ingénieux manufacturiers, de brillants artistes et de glorieux capitaines. Il n'y a plus aujourd'hui de classe supérieure et de classe inférieure ; il n'y a plus que des individus inégaux et différents par l'âge, par la fortune, par les vertus et par les talents. Relevez donc votre front avec une assurance modeste, sans orgueil, mais sans rougeur ; car vous êtes tous Français, tous admissibles aux emplois, tous également chers à la patrie.

Ah ! aimez-la bien cette patrie ! La patrie, mes enfants, ce n'est pas seulement votre plaine ou votre coteau, la flèche de votre clocher ou la fumée de vos cheminées qui monte dans l'air, ou la cime de vos arbres, ou les chansons monotones de vos pâtres. La patrie, c'est la Picardie pour les habitants de la Provence ; c'est la Bretagne pour les montagnards du

Jura ; c'est tout ce que notre vieille France contient de pays et de citoyens dans les vastes limites du Rhin, des Pyrénées et de l'Océan ; la patrie, c'est ce qui parle notre langue, c'est ce qui fait battre nos cœurs, c'est l'unité de notre territoire et de notre indépendance, c'est la gloire de nos pères, c'est la communauté du nom français, c'est la grandeur de la liberté ; la patrie, c'est l'azur de notre ciel, c'est le doux soleil qui nous éclaire, les beaux fleuves qui nous arrosent, les forêts qui nous ombragent et les terres fertiles qui s'étendent sous nos pas ; la patrie, c'est tous nos concitoyens, grands ou petits, riches ou pauvres ; la patrie, c'est la nation que vous devez aimer, honorer, servir et défendre de toutes les facultés de votre intelligence, de toutes les forces de vos bras, de toute l'énergie et de tout l'amour de votre âme !

Aimez la justice et obéissez aux lois. Pour ce qui est des devoirs du citoyen, écoutez et suivez les magistrats de votre commune. Pour ce qui est des devoirs de la religion, écoutez et suivez le prêtre de votre culte. —

Aimez vos parents, afin que vos fils vous aiment. Ne laissez pas votre vieux père frapper de ses doigts roides et glacés à votre porte qui ne veut pas s'ouvrir. Ouvrez-la-lui, laissez-lui la meilleure place au foyer, à la table et au lit. La malédiction des vieillards pèse sur le front des mauvais fils et le ride avant l'âge.

Aimez surtout les pauvres : car après votre père et votre mère, vos frères et vos sœurs, ce sont eux qui ont le plus besoin de vous. Qu'ils soient votre seconde famille ; ne leur fermez ni votre porte, ni vos cœurs, ni votre bourse ; donnez-leur surtout du travail, si vous le pouvez : car le travail ne dégrade pas l'homme et le nourrit mieux que l'aumône. Donner du travail, c'est plus, c'est mieux que de donner de l'argent ; c'est la meilleure des charités pour ceux qui la font et pour ceux qui la reçoivent.

Ne gorgez pas vos estomacs de pain, de viandes et de fruits, de manière à en perdre la santé et même la vie ; et sevrez-vous de liqueurs fortes, car leur usage mène vite à leur abus, et leur abus énerve le corps et l'intelligence : l'homme qui s'enivre est plus vil et plus dégradé que la bête.

Ne jurez pas, afin qu'on ne dise point que vous êtes des enfants de mœurs grossières, qu'on ne vous méprise, et qu'on ne veuille plus ni vous faire travailler, ni travailler avec vous.

Soyez polis avec les femmes, car vous ne voudriez pas qu'on insultât vos sœurs ni vos mères, et respectueux envers les vieillards, afin qu'on se découvre devant vous lorsque le temps, qui fuit bien vite, mes chers enfants, aura blanchi vos cheveux, aujourd'hui si noirs et si épais.

Ne frappez les animaux que pour les corriger ou pour les conduire, et non pour le plaisir de les battre ; car ils ne peuvent se défendre, et cela serait lâche ; car ils souffrent, et cela serait cruel.

Soyez reconnaissants. De même que le soleil, en ouvrant le sein de la terre, développe le grain de blé par sa douce chaleur, de même la reconnaissance développe le bienfait dans le cœur du bienfaiteur.

Ne soyez pas méfiants de vos supérieurs, uniquement parce qu'ils sont vos supérieurs, lorsqu'ils vous administrent avec fermeté, sagesse et justice ; ni des riches, uniquement parce qu'ils sont riches, lorsqu'ils vous aiment, vous consolent et vous soulagent.

Habituez-vous à parler correctement français et à vous communiquer les uns aux autres vos sentiments et vos idées, en langage pur et intelligible. C'est la différence des langages qui est, plus que les mœurs, les costumes, les institutions, les religions, les intérêts et les lois, le signe caractéristique et distinctif des peuples ; c'est ce qui les personnalise, et ce qui cause, envenime et perpétue les antipathies nationales. Si tous les hommes n'avaient qu'une même langue, ils ne feraient bientôt plus qu'un peuple, et ils s'aimeraient et s'entendraient tous comme des frères.

Ne négligez pas, autant que cela vous est possible, la propreté de vos mains, de vos vêtements et de votre chaussure. La décence du corps réfléchit la décence de l'âme. La propreté, c'est l'ordre dans l'intérieur de vos maisons et dans le règlement de vos affaires : les bonnes habitudes et les vertus se touchent, de même que les mauvaises habitudes et les vices.

Ne croyez pas aux revenants, car les morts ne reviennent pas ; aux sorciers et aux devins, car ce sont des fripons ; aux guérisseurs, car ce sont des charlatans ; aux légistes de campagne, car ce sont des usuriers ; aux amulettes, loups-garous et farfadets, car ce sont des superstitions ; aux feux follets, car ce sont des vapeurs ignées ; aux prétendus sorts jetés sur les animaux et les hommes, car les pauvres diables à qui vous attribuez cette puissance infernale n'en savent et n'en peuvent pas plus long que vous. Ce sont toutes chimères qui vous embarrasseraient l'esprit et qui sont indignes d'une raison droite et ferme.

Enfin, mes chers enfants, ne dites pas, en vous comparant aux riches, que la Providence vous a fait naître dans une condition dure et misérable, que leur destin seul est digne d'envie, et que le vôtre est bien à plaindre : pas tant que vous le croyez, mes enfants. La nature ne leur a pas donné deux bouches ni deux estomacs, ni dix sens au lieu de cinq, non plus qu'à vous. Ils connaissent des ennuis, des alarmes, des insomnies, des langueurs, des remords qui ne vous atteindront jamais. Si vos mets sont plus grossiers, l'appétit les assaisonne ; si votre sommeil est court, il est profond ; si vos travaux sont plus rudes, votre repos est plus doux ; si vos labeurs sont plus accablants, vos bras sont plus robustes; si vos plaisirs sont moins vifs, la satiété ne les émousse pas. De l'or dans sa bourse, un château, des valets, des équipages, des vins fins, une longue enfilée de bois, de vignes, de prairies et de terre, ne font pas qu'un grand soit plus heureux que le plus petit de ses voisins. Les titres, les armoiries, les honneurs, les décorations, les parures, ne sont que des signes de vanité et de convention, que l'homme ne tire pas de son propre fonds, et qui s'ôtent le soir, la plupart avec son habit, sans que son corps et son âme en jouissent. Il n'y a que vide et que dégoûts dans tous les plaisirs de la riche oisiveté. N'enviez donc point les brillantes mais trompeuses apparences d'une félicité qui n'existe pas, et souvenez-vous, mes enfants, que le véritable bonheur dépend uniquement du travail, de la science et de la vertu.

IV

DES ÉCOLES AMBULATOIRES.

FRANÇOIS.

Dans les communes rurales où il n'y a pas, à cause de leur petitesse, de maître d'école, ni de pasteur, et qui sont séparées de la commune voisine où se trouve le chef-lieu de l'instruction et du culte, soit par des obstacles naturels, et presque infranchissables, tels que montagnes couvertes de neige, rivières débordées, prairies inondées, ponts rompus, chemins impraticables, soit par la longueur de la distance, il y a peu d'enfants qui, l'hiver surtout, puissent aller à l'école. Si donc les habitants sont condamnés à une ignorance forcée, où rencontrera-t-on des maires, des adjoints, des conseillers municipaux qui sachent lire?

MAITRE PIERRE.

Il peut être gênant, mais il n'est pas impossible d'y pourvoir; en effet, ces petites communes pourraient, pendant les mois d'hiver, appeler à leur aide, soit du dehors, soit du dedans, s'il s'en trouve, un instituteur privé qu'elles rétribueraient d'un salaire fixe, indépendamment de son salaire conventionnel, et qui ferait le matin école d'enfants, et le soir école d'adultes. La rétribution communale donnerait le droit au maire de surveiller l'instruction morale, et de temps en temps, au curé de l'église principale, le droit de surveiller l'instruction religieuse de ces écoles mixtes, partie privées, partie publiques ; il serait d'ailleurs facile d'obtenir du recteur de l'Académie, un brevet temporaire et circonstanciel d'autorisation. Ne se bornât-on, à défaut de tableaux, de papier et d'écritoires, qu'à rassembler les enfants quelque part et à leur faire lecture de quelque livre approuvé, de religion, de morale, d'histoire, ou de sciences élémentaires, on entreprendrait là une œuvre de propagande intellectuelle qui porterait de bons fruits. Il faut relancer l'ignorance dans tous ses repaires : à force de frotter caillou contre caillou, on en fait toujours jaillir quelque étincelle.

L'enseignement, dans un pays librement administré, doit rayonner comme un flambeau, sur toutes les parties du territoire, et il ne serait ni prudent, ni équitable de déshériter les pauvres et petites communes, du bienfait de l'instruction : elles subissent proportionnellement les mêmes charges que les grandes communes ; elles devraient jouir proportionnellement des mêmes bénéfices.

Le gouvernement, il faut être juste, a beaucoup fait pour l'*instruction* primaire du pays, mais il reste encore beaucoup à faire, surtout pour l'*éducation* morale et religieuse.

FRANÇOIS.

Qu'entendez-vous par ces dernières paroles appliquées à l'enseignement des adultes, autre partie de l'instruction primaire ?

MAITRE PIERRE.

Je vais te l'expliquer. Lorsque les travaux publics, soit ordinaires, soit extraordinaires, pour la confection, par exemple, de ponts, routes, canaux, chemins de fer, forteresses, amènent sur un point du territoire, une affluence considérable d'adultes, et que les pluies ou les gelées suspendent les travaux, et laissent les ouvriers exposés à la fainéantise, ou aux distractions grossières, énervantes et ruineuses du cabaret, des écoles, improvisées par les soins du maire et de quelques habitants éclairés, dévoués et charitables, produiraient d'excellents fruits : tel adulte appliqué, studieux, intelligent, peut apprendre à lire et à compter en trois mois ; un peu de dessin linéaire, si utile aux maçons, charpentiers et terrassiers, quelques enseignements moraux jetés à travers ces leçons, compterait-on cela pour rien ? On ne se doute pas de tout le bon grain qu'on peut y semer, et qui y pousserait, presque sans culture et de lui-même.

V

LES ÉCOLES D'ADULTES.

MAITRE PIERRE.

Tiens, François, voici des livres d'histoire sur Napoléon et nos grandes guerres ; tu les donneras, de ma part, à ton fils Jacques qui sait bien lire, écrire et compter, et qui est l'un des écoliers les plus laborieux et les plus instruits de l'école primaire ; il pourra aussi te les lire.

FRANÇOIS.

Je les lirai bien moi-même, maître Pierre.

MAITRE PIERRE.

Toi, François ! mais tu ne sais pas lire !

FRANÇOIS.

Dites que je ne le savais pas, il y a six mois ; mais aujourd'hui, je le sais.

MAITRE PIERRE.

Bien, François! mais comment as-tu donc appris à lire?

FRANÇOIS.

J'étais quelque peu honteux, moi, pauvre ignorant, de voir mon petit garçon lire couramment dans tous les livres, et je me disais : Est-ce que je ne suis pas doué d'yeux, d'oreilles et d'intelligence, aussi bien que cet enfant? est-ce que je ne dois point avoir, et est-ce que je n'ai pas une raison aussi développée, et plus mûre, et plus forte? est-ce que s'il a des organes plus souples et plus aptes à recevoir l'instruction, je ne puis pas compenser sa facilité par ma persévérance? Oui, je veux savoir lire, et je le saurai. Je veux connaître sommairement par moi-même et par mes propres yeux, et sans avoir besoin d'un truchement, d'une autre voix humaine, d'un cornet qui le crie et le transmette à mon oreille, ce qu'on nous raconte des merveilles de la science, des beaux préceptes de la morale, des leçons de l'histoire, des discours de nos orateurs et des chants de nos poëtes.

J'avais bien encore une autre raison.

MAITRE PIERRE.

Et laquelle, François?

FRANÇOIS.

Je voulais savoir aussi écrire, pas si lisiblement, ni si correctement que vous, maître Pierre, qui êtes un docteur; mais, voyez-vous, j'en ai cependant besoin. Mon fils est fort, hardi et dispos, et dans quelques années, il sera soldat. Dure condition de la pauvreté! on l'enlèvera, ce précieux enfant, à mon amour et à ma vieillesse, sans pitié pour mes cheveux blancs ; mais, du moins, je pourrai correspondre avec lui, sans livrer à une autre plume les secrets de ma misère, et ces confidences entre nos deux cœurs qui sont, vous le savez, maître Pierre, la seule consolation des absents et des malheureux.

Enfin je voulais apprendre à calculer, et cela pour moi-même et dans mon propre intérêt : car je me suis aperçu que, par défaut de mémoire, j'avais quelquefois oublié de porter, en ligne de compte, mes journées de travail, et que des fripons avaient dupé mon ignorance. Vous savez que je ne manque pas d'adresse et d'intelligence, et que j'aurais pu de simple ouvrier devenir, presque sans capitaux, un petit entrepreneur ; mais ne pouvant faire mes comptes ni ceux des autres, je suis resté travailleur à la journée, et cela m'empêche de grossir mes bénéfices et d'améliorer ma condition. Garder dans ma tête un amas de chiffres, cela me fatiguait ; couchés sur le papier, on les fixe mieux ; ils se tiennent plus droits, et on ne les perd pas. C'est pourquoi j'ai voulu savoir calculer.

MAITRE PIERRE.

Voilà d'excellentes raisons et que je ne puis qu'approuver, et je t'admire vraiment, François, d'avoir été à l'école te mêler et t'asseoir parmi les petits enfants.

FRANÇOIS.

Non pas, maître Pierre, et je ne sais si j'aurais eu ce courage, et si une fausse honte, si la rougeur publique de mon ignorance, ne m'auraient pas retenu ; mais des hommes riches et bienfaisants ont établi, dans mon quartier, des écoles gratuites d'adultes où mes pareils, les personnes de mon âge et de ma condition, qui ont eu le malheur bien involontaire de n'avoir jamais reçu d'éducation, viennent apprendre à lire, écrire et compter.

Les classes s'ouvrent le soir, et lorsque la journée de travail est finie, on voit, pressés sur plusieurs rangs, des hommes de vingt, trente et quarante ans, tous attentifs à la leçon, tous dans le silence. A notre âge, on a la tête plus dure et la main plus roide. Mais avec un peu de patience et d'application, on a bientôt vaincu les premières difficultés. Les adultes sentent mieux le prix du temps; ils font effort sur eux-mêmes, et prennent les enseignements au sérieux; ils ont soif d'apprendre et hâte de savoir; bref, maître Pierre, j'ai voulu apprendre et j'ai appris, et aujourd'hui je suis content de mes maîtres et encore davantage de moi-même, puisque je sais passablement lire, écrire et compter.

MAITRE PIERRE.

C'est bien, François, et je proposerai ton exemple et ta réussite aux ouvriers de la ville que je connais, et qui ne continuent à rester ignorants que parce qu'ils ne savent pas les moyens d'apprendre.

FRANÇOIS.

Les écoles d'adultes ne conviennent pas seulement, maître Pierre, comme vous pourriez le croire, aux ouvriers de la ville, mais encore aux habitants des campagnes. J'ai connu quatre terrassiers, bons Auvergnats, qui, après le coucher du soleil, venaient s'asseoir à la table du maître d'école, et à qui il a suffi de quatre mois pour savoir. lire et compter. Il est vrai de dire qu'une personne charitable payait leurs leçons, mais pas cher.

N'y aurait-il donc pas dans chaque commune quelque citoyen riche qui en voulût faire autant?

MAITRE PIERRE.

Il ne faut pas compter là-dessus, François. Ce qui est volontaire, n'est pas général; la bienfaisance est toujours chose d'exception. Les campagnards, même riches, ne sont pas donneurs. D'ailleurs, le zèle particulier se refroidit, se lasse et change d'objet.

Les écoles d'adultes sont, il est vrai, des établissements de transition : car il faut espérer que tous les pères de famille sentiront la nécessité d'envoyer leurs fils à l'école; et, lorsque tous les enfants seront instruits, il n'y aura plus d'adultes ignorants. Mais ce passage de l'inscience actuelle à la future et universelle instruction sera encore bien long! C'est un vide à combler.

Il appartient aux conseils municipaux d'établir des écoles du soir, ouvertes aux adultes. Cet enseignement serait profitable surtout, indispensable même, dans les communes qui avaient été jusqu'ici privées d'écoles primaires, et qui sont répandues, en grand nombre, dans les provinces intérieures de la France.

Il y a là deux générations d'hommes à instruire, la jeune et la mûre. Il y a là un double devoir à remplir, un double fruit à ramasser.

Les pères de famille, qui sentent le besoin d'apprendre pour eux-mêmes, sentiraient le même besoin pour leurs enfants.

S'il y a affluence d'adultes, il est urgent de s'occuper d'eux presque exclusivement et d'abréger, sinon de suspendre, pour la classe du soir, la classe du matin.

Si l'instituteur faisait les deux classes, il pourrait recevoir une rétribution supplémentaire, dont le montant serait acquitté sur les revenus ordinaires de la commune, ou par voie d'impôt additionnel, ou même sur les fonds généraux du trésor; car le premier besoin du peuple, après le vivre, c'est l'instruction. Le pain nourrit le corps, la lecture nourrit l'esprit. Les écoles sont, autant que l'administration, la dette de l'État. Instruire, c'est gouverner.

Dans les pays libres on élit beaucoup, de toutes façons et à tous moments. Élection d'officiers, de conseillers, de magistrats, de municipaux, de députés. Or, pour des élections fréquentes, variées, temporaires, il faut des sujets capables ; il faut qu'ils soient nombreux, de diverses sortes et de divers degrés d'aptitude ; qu'ils ne soient pas toujours les mêmes, et qu'ils sachent les uns pourquoi et qui ils élisent, les autres pourquoi ils sont élus.

Les pays à régime libre ne ressemblent point moralement aux autres pays. C'est pour que l'esprit travaille, que l'empire, dans ces pays-là, a été dévolu à l'intelligence.

S'il y a moins d'impôts, c'est que chacun sait, mieux qu'ailleurs, ce que l'État doit dépenser. S'il y a moins d'abus, c'est que furetés et traqués par la presse, ils n'ont point la même aisance pour se cacher. S'il y a moins d'arbitraire, c'est que les citoyens connaissent mieux l'étendue de leurs droits et les bornes du pouvoir.

C'est ainsi que la question de l'instruction se lie étroitement aux deux grandes questions de l'époque, la question d'économie politique et la question de liberté.

VI

LES ÉCOLES D'ADULTES

(suite).

MAITRE PIERRE.

J'aurai encore à te parler aujourd'hui, François, des écoles d'adultes.

Non pas de ceux qui, par leur faute ou celle de leurs parents, n'ont pas appris, dans leur enfance, à lire, écrire et compter, mais de ceux qui, sachant ces choses-là, ont besoin de ne pas les désapprendre et, en un mot, de compléter leur éducation primaire.

Ce dernier genre d'écoles manque en France, presque partout dans les villes, mais partout certainement dans nos campagnes.

Ici, et avant le trop récent établissement des écoles normales, l'enseignement primaire se bornait à la lecture, l'écriture et le calcul ; les maîtres n'enseignaient que ce qu'ils savaient ; or, ils ne savaient pas la géographie, le dessin linéaire, le système des poids et mesures, la lecture dans les livres d'écriture diversement lithographiée.

Pourquoi cette génération négligée de jeunes gens serait-elle privée des bienfaits de l'éducation complémentaire ?

Même aujourd'hui, pour plus de quatre-vingts enfants sur cent, ils n'apprennent qu'à lire en ânonnant, à écrire sur des lignes barrées, et un peu de calcul ; ceux qui ne payent pas une rétribution additionnelle, et c'est les trois quarts, n'apprennent guère au delà. L'instituteur, d'ailleurs, serait obligé de négliger les basses classes qui épellent, forment les grosses lettres, écrivent ensuite sous la dictée, et ébauchent sur le tableau noir, les trois premières règles de l'arithmétique. Il ne pourrait être aidé, suppléé par des moniteurs assez exercés, assez intelligents.

Enfin, après avoir fait leur première communion, et dès l'âge de douze à quatorze ans, les parents retirent leurs enfants de l'école pour les appliquer sans relâche aux travaux des champs. Dès lors, plus d'école, plus de livres, plus d'encre, plus de plumes, plus de papier, plus de lecture, plus d'écriture, plus de calcul.

Il est même plus d'une fois arrivé que des gens de

vingt-cinq ans, qui sont sortis de l'école, il y a dix ans, sachant l'analyse grammaticale, étaient hors d'état de signer couramment leurs noms et prénoms, comme témoins, sur les registres curiaux ou sur les actes de l'état civil. Tant les ronces de l'ignorance sont promptes à couvrir les champs de l'esprit, lorsqu'ils ne sont plus du tout cultivés !

Voilà la vérité, et ainsi se trouvent presque perdues, annulées, les grosses dépenses que font l'Etat et les communes pour la construction des maisons d'école, leur entretien et ameublement, et le salaire des instituteurs, sans compter les rétributions proportionnelles des familles. Tirez les autres conséquences morales, intellectuelles, religieuses et de toutes sortes, qui résultent de cet abandon, de cette désuétude, de cette désertion prématurée et bientôt complète des études primaires.

FRANÇOIS.

Vous venez, maître Pierre, de tracer un tableau exact et vrai de la portée et des suites de l'instruction primaire dans nos campagnes ; mais le remède ?

MAITRE PIERRE.

Le remède, François, avec un peu de persévérance et de bonne volonté, serait plus facile que tu ne l'imagines.

Les travaux des champs, des bois et de la grange, finissent dans les mois d'hiver, novembre, décembre, janvier et février, à la chute du jour, et les soirées sont longues. Sommeiller au coin de l'âtre, courir la veillée des filles, jouer aux cartes ou au billard, ou s'attabler au cabaret, voilà l'occupation du soir de la plupart des jeunes villageois.

C'est pour eux qu'il faut ouvrir des écoles d'a-dultes.

FRANÇOIS.

Il n'y en viendrait guère.

MAITRE PIERRE.

Il y en viendrait ce qu'il pourrait. Ne fussent-ils que dix, que cinq ou six par village, c'est toujours autant de jeunes gens arrachés à la paresse, à la dissipation, à la débauche, à l'ignorance, et comptes-tu cela pour rien ?

Il n'y a ici, au surplus, ni maison à louer ou à con-struire, puisque l'école est vacante le soir, ni instituteur à salarier tout exprès, puisque le maitre d'école pren-drait ce soin.

La petite rétribution de l'élève adulte consisterait en une légère somme mensuelle, à prix débattu, et dans sa part, selon l'usage, de bois, de lumière et de papier.

FRANÇOIS.

Quelles seraient les matières de l'enseignement ?

MAITRE PIERRE.

Pour attirer et retenir les adultes, et pour ne fatiguer ni leur mémoire ni leur attention, il faudrait que l'en-seignement fût intéressant et varié.

On diviserait le temps en plusieurs portions :

On commencerait par des exercices au tableau sur le calcul décimal et le système des poids et mesures ; ce qui leur apprendrait à compter et vulgariserait l'ha-

bitude et l'application des nouvelles méthodes métriques.

On ferait ensuite une dictée commune à tous les
élèves, suivie de la correction des cahiers ; ce qui leur
apprendrait mieux l'écriture, la ponctuation et l'ortho-
graphe.

On ferait connaître les locutions vicieuses et les locutions correctes ; ce qui leur apprendrait les éléments
de la grammaire.

En troisième lieu, l'instituteur ferait lui-même et ferait faire des lectures à haute voix, de livres élémentaires sur les principaux phénomènes de la physique et
de la météorologie, sur la morale en action, sur l'administration municipale, sur la chimie, l'agriculture et
l'horticulture, l'histoire, la géographie, les voyages,
l'hygiène des habitants, des hommes et des animaux
domestiques, etc., tous livres variés, concis, intelligibles et approuvés par les autorités de la commune,
tant civiles que religieuses, et par l'autorité supérieure.

FRANÇOIS.

Ainsi, d'après vous, maître Pierre, ces écoles d'adultes seraient donc pour les garçons, le complément de
l'éducation primaire, de même que les ouvroirs sont
pour les filles le complément de l'instruction élémentaire et des salles d'asile.

L'État et la commune, prenant l'enfant presque au
sortir de ses langes, le suivraient jusqu'au moment où
la nature, la société et la loi lui laissent le choix de sa
profession et le libre exercice de ses facultés.

J'ajouterai, si vous me le permettez, maître Pierre,
qu'à cette précieuse école du soir, se formeraient ceux

qui doivent un jour remplir les fonctions d'administra-teurs de la commune, comme maires et adjoints, et les fonctions de tuteurs, comme conseillers municipaux.

Je dirai, de plus, que cette institution se lierait étroi-tement aux bienfaisantes ordonnances qui, sur le rap-port du ministre de la guerre, ont réservé d'assez nom-breux emplois, dans les douanes et dans les eaux et fo-rêts, pour les militaires qui auraient servi l'État avec le plus de zèle et de distinction.

Certes, les jeunes conscrits, perfectionnés d'avance par des études complémentaires, entreraient dans les rangs de l'armée avec plus de moralité, d'instruction et de discipline; ils y suivraient, avec plus d'assiduité et de fruit, les exercices gymnastiques et instructions des écoles régimentaires, et, leur temps fini, ils rentre-raient dans leur famille, avec plus de force de corps et d'esprit qu'ils ne l'avaient quittée. Ils feraient, en un mot, de meilleurs soldats et de meilleurs citoyens.

Un solide enseignement primaire, sous le double rap-port de l'instruction et de l'éducation, importe bien plus qu'on ne l'a cru jusqu'ici à la meilleure compo-sition de l'armée, et il mérite particulièrement, sous ce point de vue, toute la sollicitude de l'État.

Mais qui donnera le branle à cette institution? qui en sentira lui-même et qui en fera sentir aux autres la né-cessité, et ne faut-il pas, pour une telle œuvre, de la patience, du loisir, du zèle, de l'instruction, de la co-opération, de l'autorité?

FRANÇOIS.

Cette œuvre, maître Pierre, n'est pas si aisée à fon-der que vous vous l'imaginiez d'abord. Ainsi, dans les villes, l'obligation de payer même la somme la plus minime, empêche les adultes d'affluer aux écoles du soir, et de plus, ils préfèrent de perdre la fin de leurs journées au cabaret où il boivent et jouent aux cartes, ou dans les mauvais lieux où ils font la débauche.

C'est même chose dans les bourgs à population agglomérée.

Dans les bourgs et villages à population dispersée, il y a d'autres difficultés. Les campagnards n'aiment pas à marcher de nuit, si ce n'est en compagnie. Les boues, les planches des ruisseaux gonflés, les chemins défoncés et les longues distances, dégoûtent de ces traversées quotidiennes et nocturnes de chaque maison à l'école. Les parents craignent aussi que de jeunes garçons de douze et quinze ans ne soient entraînés, en sortant de l'école, au cabaret ou dans les veillées, ne rentrent trop tard et ne se dérangent. Comment secouer, d'ailleurs, la paresse du corps et de l'esprit, et l'apathie du foyer? Comment inspirer aux jeunes gens le goût de l'instruction complémentaire?

MAITRE PIERRE.

Ces difficultés sont réelles, François, elles sont grandes; mais elles ne sont pas insurmontables.

Et d'abord, c'est aux instituteurs primaires à faire ce qu'ils n'ont pas fait jusqu'ici; c'est-à-dire, à convaincre les jeunes garçons qui vont quitter l'école, de l'utilité des études complémentaires; à leur en inspirer le désir; à les prémunir par de bons enseignements moraux et religieux contre les séductions de la débauche et du cabaret; à exciter en eux une généreuse émulation; à leur montrer en perspective les honneurs municipaux, l'estime et la considération dont ils jouiront plus tard dans la commune ainsi que la plus grande facilité de se placer en service, d'aider les autres, de s'aider soi-même dans la conduite des procès, des marchés et des affaires; à leur faire comprendre les primes et les récompenses qui les attendent comme soldat, s'ils sont plus instruits, plus rangés que les autres; et, enfin, à rassurer les parents, en inscrivant sur un livret l'heure du départ de l'école, comme on en use pour les colléges.

Ensuite, il ne faut pas hésiter, François, de faire appel aux hommes riches et lettrés, s'il y en a, qui habiteraient la commune. La société ne garantit aux riches leurs loisirs et leurs jouissances, qu'à la condition, par eux, d'éclairer, de moraliser, de soulager les pauvres, et d'y consacrer leur zèle et une partie de leur temps. Il ne faut pas même se le dissimuler, François, le meilleur vouloir du gouvernement ne suffirait pas à cette tâche. Les coactions de l'autorité pour une œuvre qui, d'ailleurs, est toute volontaire, les inspections, les lois, les circulaires des préfets, les subventions, ne sont presque de rien, si le zèle de la charité, cent fois plus actif et plus puissant que l'or même, ne vient pas à l'aide.

Vous donc qui êtes les plus riches et les premiers dans chaque village, par les biens et par l'intelligence, mettez-vous à l'œuvre! vous savez que vous serez secondés par les pasteurs qui ne sont pas ennemis des lumières, et qui, nés eux-mêmes parmi les artisans et les laboureurs, connaissent mieux que personne le prix et les heureuses conséquences d'une instruction solide et pure; ne vous laissez point rebuter par les obstacles matériels des saisons et des chemins, par l'inertie des volontés, par des désappointements de toute nature. Il faut vous armer d'une résolution sans lassitude et sans fin, prendre chaque difficulté une à une, la regarder en face, la résoudre avec ténacité, et vous en viendrez à bout, si vous avez foi, comme vous devez l'avoir, en vous et en Dieu.

VII

DES ÉCOLES COMPLÉMENTAIRES DU DIMANCHE.

Permettez, maître Pierre, que nous reprenions notre dernier entretien. J'ai conservé quelques doutes sur la possibilité d'établir, dans tous les villages, des écoles du soir pour les adultes, et voici pourquoi :

Les jeunes gens sont employés aux travaux des champs, durant le printemps, l'été et l'automne; l'hiver, ils ne se soucient pas de quitter le coin de l'âtre, pour aller loin de leurs foyers, à travers boues, par des nuits noires, s'enfermer dans une salle d'étude, à la lueur d'une chandelle.

L'expérience a montré d'ailleurs qu'au lieu de se rendre à l'école, ils vont au cabaret, au billard, à la veillée, où ils perdent leur temps, font des dettes et corrompent leurs mœurs. Or, mieux vaut dormir que de se gâter dans la débauche.

Je ne parle ici que des villages à hameaux dispersés, et non pas des bourgs agglomérés, ni des villes, pour lesquelles vos remarques subsistent.

MAITRE PIERRE.

Ce que tu dis là ne manque pas de vérité, François, et je préférerais avec toi que l'école se tînt le dimanche, pour les habitants des communes rurales à maisons éparses.

En effet, tous les jeunes campagnards se rendent au chef-lieu de commune, tous les dimanches matin.

Après l'office, l'instituteur ouvrirait pour eux sa classe, qui durerait une heure et demie ; ainsi il n'arriverait pas ce que tu disais hier avec tant de raison, que le temps de l'école est un temps perdu que les parents des petits villageois auraient employé plus fructueusement, et que l'éducation d'un paysan, si l'on en vient au résultat net et profitable, est quelquefois plus chère que l'éducation d'un boursier du collége royal : tout le monde y perd ; l'écolier son temps, le père sa rétribution proportionnelle, la commune sa rétribution fixe, l'État les avantages qu'il espérait d'une éducation moralement et intellectuellement productive.

Le gouvernement ne remplit donc pas entièrement son obligation sociale, s'il ne suit pas le villageois à la sortie de l'école.

Sans doute, il ne peut pas, il ne doit pas, comme tu le faisais aussi remarquer, employer la contrainte, mais il peut arriver aux mêmes fins par la persuasion, par l'exemple, et c'est dans ce but qu'il doit favoriser l'institution des écoles du dimanche.

Qu'on se figure cinquante-deux jours répartis sur

toute l'année, et, à des distances fixes et si rapprochées, en faudrait-il davantage, en faudrait-il autant pour être tenu suffisamment au courant de la lecture, de l'écriture et du calcul ?

J'ajoute, François, que les pauvres ont aussi, comme les riches, des devoirs à remplir, et il ne faut pas qu'ils rejettent l'instruction qu'on leur offre. Sans doute il y a des ignorants qui le sont malgré eux ; mais aussi, il y a des ignorants qui sont ignorants, parce qu'ils veulent rester ignorants : ils aiment mieux hanter les mauvais lieux que l'église et que l'école, s'injurier et se battre que d'assister pacifiquement à une leçon, passer toute la journée et une partie de la nuit dans l'abrutissement de l'intempérance qu'une heure dans les vrais plaisirs de l'instruction, et dépenser vingt sous à s'enivrer que de donner un sou à l'instituteur.

C'est à celui-ci à inspirer de bonne heure aux jeunes garçons le goût de l'étude, et à bien faire entrer dans leur esprit que si, après leur sortie de l'école, ils ne suivent pas, autant que cela leur sera possible, la classe du dimanche, ils oublieront le peu qu'ils ont appris, et retomberont irrémédiablement dans leur ignorance première.

VI

L'ÉGLISE DE VILLAGE.

MAITRE PIERRE.

Reprenons notre entretien de ce matin. Vois-tu, mon ami, la grande patrie, c'est la France! Or, la connais-tu, la France? l'aimes-tu?

FRANÇOIS.

Je ne la connais guère, maître Pierre, je l'avouerai, que par l'impôt et par la conscription, et, par conséquent, je ne devrais guère l'aimer.

MAITRE PIERRE.

Que dis-tu là, que tu ne devrais guère l'aimer? Réfléchis cependant un moment, François. En défendant, comme soldat, la grande patrie, est-ce que ce n'est pas toi-même, ton père, ta mère, tes jeunes frères et sœurs

que tu défends? En acquittant ta part d'impôts, tu
aides à payer la police qui veille sur ta sûreté, la justice qui juge tes procès, la construction et la réparation
des canaux, routes et chemins publics qui mènent aux
foires et marchés, et qui portent aux autres ce que tu
as en trop, comme ils te rapportent ce que tu as en
moins; l'entretien du gouvernement qui administre
l'intérieur de la France, de l'armée qui protége les fron-
tières, de la marine qui garde les côtes; le salaire du
maître d'école qui t'instruit et du curé qui prie avec toi
et qui te console.

FRANÇOIS.

Je vous arrête ici, maître Pierre; car vous savez qu'il y
en a qui disent qu'on pourrait fort bien se priver d'é-
glises et de curés; que les curés ne nous donnent ni
pain, ni boisson, ni viande; qu'ils ne nous font trouver
ni métier, ni femme, ni ouvrage, ni argent; qu'on peut
se passer d'eux, pour naître, pour se marier, pour
mourir; qu'ils ne nous exemptent pas de la conscription; qu'ils ne nous ôtent pas le vent de bise, le froid,
le chaud, les maux du corps.

MAITRE PIERRE.

Et les maladies de l'âme, François, qui les guérira?
L'homme ne vit pas seulement de pain, il vit aussi de
bonnes paroles, de bonnes actions, et d'amour; il n'est
pas seulement une bête de travail, il est aussi une
créature de Dieu. Il n'est pas seulement un corps, il est
aussi un esprit. Il n'a pas seulement des besoins sen-
suels, des appétits grossiers, il a aussi des besoins intellectuels et moraux, des appétits du cœur, des soupirs vers un autre monde, plus éclairé, meilleur.

Pour la plupart des ouvriers des villes, la vie se passe dans l'atelier et dans le cabaret, enlevée comme par un tourbillon ; mais pour les habitants de la campagne, la paroisse est la petite patrie, la seconde patrie, la véritable patrie presque. Or, qui représente la paroisse ? Est-ce la maison d'école, est-ce la mairie ? Non, c'est l'église.

Où as-tu été porté par ta marraine sur les fonts baptismaux, François ?

FRANÇOIS.

A notre église.

MAITRE PIERRE.

Où as-tu fait ta première communion ?

FRANÇOIS.

A notre église.

MAITRE PIERRE.

Où as-tu reçu la bénédiction nuptiale ?

FRANÇOIS.

A notre église.

MAITRE PIERRE.

Et quand tu revenais de l'armée, qu'est-ce que tu as aperçu avec des transports de joie, au bout de l'horizon ?

FRANÇOIS.

Le clocher de notre église.

MAITRE PIERRE.

Et quand tu mourras, où veux-tu que l'on t'enterre ?

FRANÇOIS.

Où sont déjà mon père et ma mère, et mes oncles, et mon jeune fils, dans le cimetière de notre église.

MAITRE PIERRE.

Et qui veux-tu qui chante le *De profundis*, et qui prie sur ta bière et te bénisse ?

FRANÇOIS.

Le curé de notre église.

MAITRE PIERRE.

Ainsi, François, et c'est toi-même qui vient de le dire, toute l'existence des villageois se groupe autour du clocher : là sont les vases du baptême, le cimetière des morts, la chapelle des mariés, les bancs du catéchisme ; au pied du clocher, non loin du moins, sont assises l'école et la mairie, que le clocher domine, comme pour annoncer que la religion s'élève au-dessus des intérêts temporels ; chaque matin, chaque soir, les cloches sanctifiées de l'église ébranlent l'air et vont porter avec leurs tintements, dans les hameaux lointains, le nom et le souvenir de Dieu.

Quand le villageois revient des champs, quand ses yeux font la tournée de l'horizon, c'est toujours le clocher qu'il aperçoit.

Une commune rurale ne se concevrait pas sans église. Si Dieu éclate partout, c'est encore plus dans les campagnes que dans les villes ; il y assemble ses nuages ; il y roule sa foudre ; il y verse ses pluies et ses rosées ; il les couvre de ses givres et de ses neiges ; il les inonde de ses feux solaires ; il s'y révèle avec toute sa magnificence, dans la germination des plantes, dans les bruits des forêts, dans la maturité des moissons, dans les chants harmonieux des oiseaux, dans les bêlements des troupeaux, dans la hauteur des montagnes, dans les murmures des grands fleuves, dans l'immensité des plaines, dans la voûte du ciel parsemé d'étoiles et de mondes infinis. Il y accable l'homme de sa majesté, il l'éblouit du spectacle varié des champs, des bois, de la verdure et des eaux, et, en même temps, il le réchauffe de son souffle, il le pénètre de ses rayons, il le calme, il le ranime, il s'insinue dans son cœur et il l'attire doucement vers lui.

Il est impossible, lorsqu'on a des mœurs simples et pures, d'habiter la campagne et de n'être pas religieux. La dure nécessité du travail, la contemplation de la nature, le silence des nuits et la solitude où vit habituellement l'homme des champs et qui le rend grave et rêveur, le ramènent presque toujours à l'adoration de Dieu : il y a toujours quelques sentiments de religion chez tous les peuples agriculteurs, même chez ceux qui affectent le plus grossièrement de mépriser les choses saintes, qui les persiflent et qui s'en moquent; seulement, au lieu d'être religieux, ils sont superstitieux ; au lieu de croire à Dieu, ils croient au diable, à des forces occultes, à des puissances invisibles, à des êtres surnaturels, à des fantômes, à des revenants, à des sorciers ; ils ne croient pas aux dogmes de la foi et aux mystères, mais ils croient que les prêtres peuvent les délivrer eux et leurs bestiaux, des sortiléges, des embûches et des maladies. N'est-il pas vrai, François, et me trompé-je ?

FRANÇOIS.

Non, maître Pierre, et vous dites bien là la vérité.

MAITRE PIERRE.

Si je dis là la vérité, si le sentiment religieux vit naturellement dans le cœur de tous les hommes, si les bons et les méchants, si ceux qui croient et ceux qui ne croient pas, ont recours aux prêtres, il ne faut donc pas demander si l'on pourrait fort bien se passer de curés et d'églises.

L'église est, d'ordinaire, le plus ancien édifice du village. Pour les campagnards dont la chronologie ne remonte jamais très-haut, l'église se perd dans la nuit des temps, et, se confondant avec la vague mémoire de leurs ancêtres, elle n'en est pour eux que plus sainte et plus vénérable.

Ce qui augmente leur respect, c'est qu'ils ont vu passer sous leurs yeux bien des nouveautés, des formes, des essais, des systèmes, des administrations, des républiques, des consulats, des royautés, des empires. Ils ont ouï le chantre réciter des *oremus* et des *salvum fac, Domine*, pour toutes les espèces de gouvernement. Ils ont vu le couvreur attacher à la pointe de leur clocher, des drapeaux tour à tour bariolés et parsemés d'aigles, de lis, d'abeilles, de bonnets, et de toutes les couleurs de l'arc-en-ciel. Mais ils n'ont jamais vu que le même prêtre monter toujours au même autel, chanter les mêmes chants dans les livres consacrés, réciter le même Évangile sur les marches du sanctuaire, et depuis tant de siècles, il n'y a pas eu une virgule de changée dans la formule du *Credo*, du *Pater*, ni de l'*Ave*.

Là où est l'église, là est le village : on dirait que, comme une mère, elle rassemble autour d'elle tous ses enfants ; elle est le point central où toute leur vie aboutit ; elle est le lien de la commune.

L'institution des églises a plus fait avancer la civilisation que tout le reste. C'est là seulement que tous les membres de la corporation paroissiale perdus, isolés, dispersés dans les hameaux, se retrouvent et se rejoignent : c'est là seulement, dans cette enceinte sacrée, que se réunissent, l'instituteur comme chantre, le curé comme pasteur des âmes et ministre de Dieu, le maire comme chef de la commune, les notables comme fabriciens, les habitants comme catholiques. Là sont tous les âges et tous les sexes, les vieillards et les enfants, les hommes d'un côté, les femmes de l'autre. Là, sont agenouillés devant la majesté redoutable de Dieu, et confondus tous ensemble, dans la même humilité, dans la même égalité, faibles et puissants, riches et pauvres. Là, du haut de la chaire, le prêtre rappelle aux plus grands la petitesse de leur origine, et aux plus petits, la grandeur de leurs destinées. Là, il donne à tous les hommes, dans la lecture de l'Évangile, les plus beaux modèles en même temps que les plus beaux préceptes de la fraternité : l'orgueilleux sort de l'église plus modeste, le coupable plus repentant, le haineux plus adouci, le malheureux plus résigné. Là, dans l'immensité et l'élévation des arcades et des voussures, dans l'élégance des autels, dans la beauté des vases, des tableaux, des broderies, des statues, des candélabres, des croix d'argent, des lampes d'or, des fleurs et des ornements, dans les flots de parfum et d'encens, dans les sons vastes et ravissants de l'orgue et des cantiques, dans la richesse éclatante et soyeuse des aubes étalées et des longs habits flottants, les pauvres prennent une idée des pompes et des magnificences du grand monde dont ils n'approcheront jamais, et qui sont offerts à leurs sens éblouis, avec autant de profusion et de majesté que dans les palais des rois, et dans les fêtes des grands de la terre.

Après tout, quel est le signe le plus apparent, le signe oculaire de la commune? C'est l'église. On demande où est la mairie, où est l'école? On ne demande pas où est l'église, on la voit. L'église pourrait contenir tous les habitants, tout le village; mais l'église n'est pas seulement l'expression de la commune, le siége et le centre de son existence, son cœur et sa tête, et le rendez-vous religieux, elle est encore le meilleur véhicule de la civilisation. Il ne va aucune femme à la mairie, à l'école, au cabaret; elles vont toutes à l'église. C'est là que, pressées, assises sur les mêmes bancs, elles se voient, elles se rapprochent, elles se connaissent. C'est en lisant dans leurs livres de prière, qu'elles apprennent à ne pas oublier de lire, ne lisant jamais que là et que cela. C'est là seulement qu'elles mettent pour la première fois, leurs chapeaux de paille ornés de frais rubans, leurs fichus de couleur, leurs bonnets de tulle, blanchis et plissés, leurs souliers de cuir, leurs croix d'or, leurs bas de coton, leurs tabliers de soie et leurs beaux habits des dimanches et fêtes, et, par conséquent, qu'elles les usent, et par conséquent qu'elles font aller la fabrication et le commerce des repasseuses, des lingères, des ouvrières, des couturières, des chapeliers, des rubaniers, des drapiers, des cordonniers, des bijoutiers, des bonnetiers et autres ouvriers, marchands et gens d'état de ville. C'est pour entrer et paraître avec plus de décence dans la maison de Dieu, qu'elles arrangent et composent leur toilette. C'est aussi pour être vues de leurs compagnes et des hommes, lorsqu'elles vont à l'offrande, lorsqu'elles portent les dais et les bannières et lorsqu'elles suivent les processions. C'est pour que leurs filles ne rougissent pas devant leurs amies, qu'elles soignent également la mise de leurs filles; et ce que je dis ici des jeunes filles, on peut aussi le dire en partie, François, des jeunes garçons. C'est au sortir de l'église, et sur la place publique, que tous les habitants s'assemblent et se groupent, se mêlent, se retrouvent, concluent leurs marchés, font leurs échanges, se proposent des alliances de famille, et vont de là, les hommes dans les cabarets, au billard, et autres réunions, les jeunes gens aux jeux, plaisirs et délassements de leur âge. C'est avant ou après la messe, qu'on est sûr de rencontrer les officiers municipaux. C'est avant ou après la messe, que le maire réunit plus facilement le nombre des conseillers nécessaires pour les délibérations. C'est sur le banc de pierre du clocher que le maire monte après la messe, pour lire les publications de l'autorité, les permissions de moissons et de vendanges, les listes de prestations en nature et les convocations de toutes espèces ; c'est sous l'auvent du porche qu'il affiche les listes électorales, les annonces de biens à vendre, les affermages de prés et marais communaux.

Je ne crois pas me tromper, vois-tu, François, en disant que tout le gouvernement moral des villages est quasi concentré dans le curé ; car le maître d'école, qui n'est pas assez salarié d'ailleurs, ne fait que de l'instruction, et n'impose pas aux villageois par son caractère, par ses habitudes et par son rang ; le maire et l'adjoint sont, d'ordinaire, absorbés par leurs travaux champêtres, et ne rédigent que de loin en loin quelques actes civils et quelques actes administratifs, et ils vont boire au cabaret et s'y confondre sans distinction, avec le reste des habitants. Le curé seul est professeur de morale ; il tient ses ouailles dans ses mains avec une sainte liberté, avec une incroyable plénitude. Il ne les quitte pas un instant, depuis le berceau jusqu'à la tombe, à la messe, en chaire, au confessionnal, au lit de mort, aux relevailles, au mariage ; il est le maître, le directeur, le possesseur de leurs secrets, de leurs joies, de leurs chagrins, de leurs incrédulités, de leurs soupirs, de leurs terreurs. Le dogme, la pénitence, l'absolution, la conduite, les bons et les mauvais désirs, les penchants, les inimitiés, les vengeances, les chutes et les repentirs, il voit tout, il entend tout, il sait tout ; il effraye les consciences et il les rassure ; il frappe et il console. Il n'y a pas pour lui ni de chaumière trop petite, ni d'hommes trop pauvres, ni de plaies trop infectes, ni de maladie trop contagieuse, ni de distance trop éloignée, ni de température trop froide ou trop chaude, ni d'heure indue, ni de logis fermé, ni de cœur qui ne s'ouvre, ni de sexe, d'âge, ou d'état avec lesquels, à chaque instant, il ne puisse communiquer, il ne communique ; né presque toujours dans la crèche du peuple, nourri, élevé comme lui, avec lui, il connaît mieux, beaucoup mieux que les grands du monde, les besoins du peuple, ses intérêts, ses faiblesses, ses penchants, ses mœurs, ses préjugés, ses défauts, ses qualités, ses vices, ses vertus ; il sait mieux les remèdes qui lui conviennent, les paroles qu'il faut lui dire, les côtés sensibles par où il faut le prendre, les plaies de l'âme et du corps par où il faut le sonder. On a vu des pauvres mourir de faim à la porte d'un riche, jamais à la porte d'un curé, s'il leur reste la force de tirer le cordon de sa sonnette.

Y a-t-il quelque discord entre les pères et les enfants, entre frères, entre époux, entre voisins, ce n'est pas au juge de paix qu'on s'adresse, c'est au curé ; aucune œuvre charitable ne peut se fonder dans le village, eût-on les mains pleines d'or, sans que le curé ne soit consulté, sans qu'il n'y participe, sans qu'il ne la surveille, sans qu'il ne lui imprime un caractère de simplicité, de désintéressement et de durée. Si le firmament est d'eau ou de feu, il monte à la chaire ; il invoque Dieu en commun pour l'éloignement du fléau et pour la prospérité des biens de la terre; il prie en commun pour tous les trépassés; il ouvre en commun, à tous les fidèles rassemblés sous le toit de Dieu, les rosées du ciel, les trésors de la grâce, et les espérances infinies de l'immortalité.

S'il prêche au peuple le respect qu'il doit aux puissances établies, il prêche aux puissances établies le respect qu'elles doivent à la justice; s'il recommande au pauvre la résignation dans le malheur, il recommande au riche la charité dans la fortune; s'il ne veut pas qu'on rompe violemment la différence des rangs, il rétablit l'égalité des conditions dans le ciel devant l'égalité des œuvres, et il est bien plus le consolateur spirituel des misérables et des infirmes, qu'il n'est le prêtre des heureux et des puissants.

On pourrait à toute force, dans un village, se passer de maire et d'instituteur. Mais de curé, comment?

En quelque lieu sauvage et retiré que soit située une commune, vous, voyageur égaré, vous êtes sûr de trouver un homme plus ou moins instruit que vous, qui vous comprend et qui vous répond, et n'est-ce pas une chose merveilleuse de voir trente-six mille points lumineux, à la fois moraux, religieux et intellectuels, luire en tous temps, la nuit comme le jour, au bord des rivières, sur les plaines et sur les montagnes, dans les trente-six mille communes de France ?

Ainsi, se gardent au foyer de chaque presbytère le culte de Dieu, les devoirs de la morale, et les lettres humaines.

Mais ce n'est pas là la seule reconnaissance que la civilisation doive à la religion.

Supposons que l'on abolisse le culte, les prêtres et les églises ; à l'instant, le jour consacré au repos cesse ; il n'existe plus de commune que de nom : les habitants ne se connaissent presque plus entre eux ; le bourg devient désert ; il n'y a plus de cloches pour annoncer les prières du soir et du matin, ni pour faire souvenir des morts. Le cimetière ne repose plus sous la garde de Dieu ; les services du conseil municipal manquent, et l'on ne sait plus où ni quand trouver le maire. Chaque habitant reste chez soi, et les affaires, les marchés, les échanges, les alliances, n'ayant plus un centre commun, où se prendre, où se faire, languissent ; les mères et les filles négligent les soins de la toilette et même de la propreté, ne sachant plus où ni à qui se montrer, achètent peu, consomment moins. Alors, pour tout dire, les hommes et les femmes n'ayant plus d'autre retenue que la pudeur naturelle, barrère

malheureusement trop faible contre les passions, tomberaient dans les excès honteux et le pêle-mêle de la bestialité. Les âmes également sans frein, mais non pas sans
terreur, se précipiteraient dans la superstition; l'é-
goïsme remplacerait la charité; l'orgueil, l'humilité;
l'intérêt, la conscience; la matérialité des désirs, les
plaisirs de l'intelligence; les loups-garous, les saints;
les sorciers, le prêtre; les cabarets, le presbytère;
le Lupanar, l'église; l'enfer, le ciel, et le diable,
Dieu.

IX

SALLES D'ASILE POUR L'ENFANCE.

MAITRE PIERRE.

Que fais-tu là, François, dans ta chambrette, avec tes deux petites filles et ton garçon?

FRANÇOIS.

Je les garde pendant que ma femme travaille en ville, et ma femme à son tour me relaye, lorsque je vais travailler.

MAITRE PIERRE.

Mais vous perdez tous deux alternativement une journée de gain dont votre petit ménage aurait grand besoin; et ne pourriez-vous confier vos enfants à votre voisine, durant les heures du travail?

FRANÇOIS.

Je ne me soucie pas de les confier à notre voisine, chez laquelle ils entendent des propos grossiers et où leurs mœurs pourraient se gâter, ni de les laisser descendre

et vaguer dans la rue où ils jurent, se disputent, se
battent et se corrompent.

MAITRE PIERRE.

Alors, qu'en fais-tu?

FRANÇOIS.

Je les tiens renfermés dans ma chambrette.

MAITRE PIERRE.

Mais à peine peuvent-ils y respirer. Ne vois-tu pas
que les membres et l'esprit de ces pauvres enfants
sont privés d'air, de liberté, de culture, de dévelop-
pement? Aussi, comme ils sont maigres et hâves! Tes
enfants font peine à voir, François! du moins, que ne
les envoie-tu aux écoles gratuites?

FRANÇOIS.

Mais songez donc, maître Pierre, que de mes deux
filles, l'une a trois ans, et la seconde quatre, et que
mon fils n'a que cinq ans. On ne les y recevrait pas, ils
sont trop jeunes.

MAITRE PIERRE.

Cela est vrai; mais alors il faut les envoyer à la salle
d'asile.

FRANÇOIS.

Qu'est-ce que la salle d'asile?

MAITRE PIERRE.

Je vais te l'apprendre.

Nos magistrats municipaux, qui sont des hommes
paternels et éclairés, se sont dit : Nous venons d'employer les revenus de la ville à construire un beau quai
le long de la rivière, à débarrasser nos rues de leurs
immondices, à curer nos eaux stagnantes, à établir sur
nos marchés plusieurs fontaines jaillissantes, et à tra-

cer autour de la cité des boulevards bien spacieux et bien plantés. Nous avons aussi couvert notre halle pour la mettre à l'abri des pluies, du soleil et du vent ; enfin nous avons fait bâtir une salle de théâtre élégante et commode.

Maintenant, et peut-être aurait-il fallu commencer par là, il faut songer au peuple, au pauvre peuple qui ne va pas au spectacle, parce qu'il n'a pas de quoi payer ses places, et qui ne jouit guère non plus des beaux ombrages de nos allées, parce qu'il n'a pas le temps de se promener. C'est pitié de voir les petits enfants des artisans qui se rendent à la fabrique, des vignerons qui montent sur le coteau et des manœuvres qui vont piocher les jardins, errer en troupes dans les rues, à moitié nus, ou se morfondre dans l'hiver, ou étouffer dans l'été, si leurs parents les renferment chez eux. Prenons-les sous la protection de la cité ; qu'elle soit leur seconde mère, qu'elle les reçoive, les réchauffe, les soigne, les exerce, les enseigne et les moralise ; ouvrons-leur une salle d'asile.

FRANÇOIS.

Et la salle a été ouverte ?

MAITRE PIERRE.

Oui, François, on a disposé une grande pièce au rez-de-chaussée. Un poêle échauffe la salle modérément. Les fenêtres sont vastes et laissent pénétrer les rayons du soleil, et l'air que l'on renouvelle. La salle est planchéiée. Des figures d'animaux coloriés sont suspendues le long des murs. Le maître est au bas des gradins sur lesquels sont rangés d'un côté les

petits garçons, et de l'autre les petites filles ; les uns
et les autres n'ont pas plus de deux, trois, quatre et
cinq ans. Ils commencent par s'agenouiller et par faire
à Dieu une innocente et courte prière pour leurs parents, pour leur patrie, pour leurs camarades et pour
eux-mêmes ; puis, au signal du maître ou de la maîtresse, ils se lèvent ou se rassoient, ils marchent, des-
cendent, montent, se tournent, dressent les mains, les
joignent ou les frappent, et font mille évolutions variées
qui tiennent leur corps et leur esprit, sans fatigue et
sans douleur, dans l'action si douce et si nécessaire à
cet âge, d'un mouvement perpétuel.

Ils couvent avidement le maître des yeux, suivent,
imitent et répètent, de la bouche et du geste, toutes ses
leçons. Tantôt ils comptent sur leurs doigts, tantôt ils
nomment les objets figurés sur le mur, tantôt ils unis-
sent leurs voix et chantent en chœur, avec mesure,
des airs simples et naturels et des versets qui prêchent
l'union des cœurs, la propreté des habits, des pieds et
des mains, l'amour du Créateur, de leurs parents et de
leurs maîtres.

C'est chose réjouissante pour les yeux et pour l'âme,
de voir poindre ces figures enfantines, les unes enjouées,
les autres graves, à expression changeante et animée ;
ces petites têtes brunes et blondes s'agiter à la fois ;
toutes ces physionomies saillir, rayonner et lancer les
éclairs de l'intelligence.

Ces enfants s'accoutument de bonne heure à la discipline, à l'ordre, à l'harmonie, à l'amour de leurs semblables. Il y a entre eux une émulation de bien faire
qui est du plaisir et non de l'envie : ils se préparent

ainsi, sans effort, et par une transition insensible, aux travaux plus rudes de l'école primaire, à ces travaux qui seront bientôt plus proportionnés à la force exercée de leur corps et de leur esprit ; car ils sauront déjà les premiers éléments de la lecture, de l'écriture, du dessin, de la musique ou du calcul.

Quelquefois, ils dessinent sur l'ardoise au crayon, à leur manière, une figure d'animal, tel qu'un cheval, un âne, un éléphant, un lion, et comme on ferait une bosse.

Quelquefois, ils épluchent, en façon de charpie, du fil, de la laine, ou de la soie tirée de vieilles robes ; les petites filles tricotent des bas.

On ramène le calme dans leurs esprits, avec les sons doux et lents d'un orgue.

On promène leurs yeux, et leurs mains armées d'une baguette, sur le tableau de bois ou de cuir noir où la géographie de la France est tracée.

On les fait danser en rond, et ils se suspendent, en courant, aux cordes pendantes d'un poteau à branches mobiles ; c'est sur le préau, ouvert en été comme dans la mauvaise saison, qu'ils font leurs ébats et leurs repas ; chacun d'eux va reconnaître et prendre, en chantant, et à son tour, le panier dans lequel la mère de famille a mis, au sortir du logis, un peu de pain, de viande, de légumes, de fruits, toujours propres, frais, abondants.

Si quelque enfant, par oubli, plutôt par oubli que par misère, n'a rien apporté, à l'instant, et sur la simple remarque du maître, tous se précipitent au-devant du pauvre petit, et garnissent son panier de leur propre nourriture, de manière à ce qu'il en regorge.

Rien de ce qui touche leur santé n'est négligé; on dispose, soit dans la salle d'étude, soit dans le préau couvert, des thermomètres, des vasistas et des appareils ventilatoires.

Si la fatigue des exercices les surprend et si leurs yeux se ferment, le maître les soulève doucement et les porte sur un lit de camp, jusqu'à ce que le sommeil les quitte.

S'ils ont quelques besoins, ils lèvent le doigt et sortent; s'ils sont trop petits, une femme de service les conduit et les ramène : ils pleurent, s'ils sont malades, ou s'il y a congé, de ne pouvoir aller à l'asile; l'asile, en très-peu de temps, devient pour eux une seconde famille, et même, faut-il le dire, la famille préférée.

Le comité des dames inspectrices, en certains endroits, leur distribue, soit des vêtements ou chaussures à leur usage, soit du pain, des pommes de terre et des soupes économiques, et veille, avec cette douceur, ces soins maternels, cette tendresse affectueuse et délicate qui n'appartiennent qu'aux femmes, à leur santé, à leurs petits repas, à leurs habillements, à leurs études, à leurs jeux.

FRANÇOIS.

S'aperçoit-on qu'il se fasse une heureuse réaction de ces enfants ainsi moralisés, sur leurs parents peu moraux et peu réglés, particulièrement dans la classe ouvrière?

MAITRE PIERRE.

Oui, François, et la réaction est quelquefois sensible. Les parents sont honteux de voir leurs tout petits enfants mieux appris et plus rangés qu'eux, et alors ils font sur eux-mêmes un retour de sages et salutaires réflexions.

Quant aux enfants, l'influence des enseignements moraux du maître se manifeste et se reproduit de mille façons.

Une mère racontait qu'ayant oublié, avant le départ pour l'asile, de débarbouiller le visage et les mains de sa fille ; celle-ci lui dit : « Maman, si la dame (la maîtresse) le savait, elle ne serait pas contente. »

Une autre mère racontait aussi que son mari s'étant mis fort en colère dans une querelle de ménage, — son petit garçon alla s'agenouiller, les mains croisées, dans un coin de la chambre : « Eh bien, que fais-tu là ? lui dit le père. — Je prie Dieu de te pardonner, mon papa, pour avoir juré. » N'est-ce pas là un trait bien touchant ?

FRANÇOIS.

Oui, maître Pierre, et j'en suis ému aux larmes ; mais, dites-moi, les frais d'un pareil établissement sont-ils coûteux ?

MAITRE PIERRE.

Ils consistent dans le loyer d'une salle et d'une cour ou jardin, et dans les appointements du maître et de la maîtresse, ou d'une maîtresse et d'une femme de service, qui peuvent monter à 1,200 francs. Tu vois, François, qu'il n'y a guère de ville qui ne soit en état de consacrer 1,200 francs sur son budget, à une œuvre si populaire et si utile. A quoi les gens riches et humains de chacune de ces villes, sauraient-ils mieux employer leur argent, qu'à secourir, protéger, instruire et moraliser les enfants de leurs voisins pauvres? Quelle rente peut être mieux placée? Les habitants d'une même cité ne sont-ils pas tous frères? Ne doivent-ils pas tous s'aimer et s'entr'aider? N'est-ce pas aux riches à se rapprocher des pauvres et à rompre l'inégalité qui les sépare, par la communication de leurs bienfaits? N'y a-t-il pas entre eux tous un échange perpétuel de service et de travail, de coopération et de défense mutuelle, de bonne intelligence et de paix domestique, et n'est-ce pas la plus douce récompense pour des magistrats municipaux, que de recueillir partout sur leur passage les bénédictions du pauvre et le témoignage vivant et réalisé du bien qu'ils ont fait?

X

REFUGES DES CAMPAGNES.

FRANÇOIS.

Dites-moi donc, maître Pierre, pourquoi le bienfait des salles d'asile n'a pas encore pénétré dans nos campagnes ?

MAITRE PIERRE.

C'est que leur établissement est cher : une maîtresse, une sous-maîtresse, et une femme de peine, ne coûtent pas moins de 1,200 francs ; les frais de mobilier, de tableaux, livres, bancs, figures, etc., ne vont pas à moins de 500 francs, et le loyer de la salle à 200 ; or, les communes rurales ne peuvent pas supporter une telle dépense : écrasées d'impôts généraux et locaux, principaux et additionnels, elles regardent à deux sous ; la plupart ne peuvent pas même salarier une institutrice de filles, à côté de l'instituteur des garçons ; il n'y a donc pas à y songer.

De plus, les maisons éparses, les hameaux sont souvent éloignés du bourg ; enfin, si les filles et garçons de sept et huit ans, et au-dessus, se rendent tout seuls à l'école, de petits enfants de deux à six ans, toujours moins tôt développés à la campagne qu'à la ville, ne pourraient y aller ; les mères, pendant l'hiver, à cause des boues, des pluies et de la distance, et, pendant l'été, à cause de la chaleur et des travaux des champs, ne pourraient, ni les conduire, ni les ramener : ce sont là des obstacles insurmontables.

Mais, en étudiant la difficulté pratiquement et sous toutes ses faces, il serait possible de ménager, pendant l'hiver, l'entrée de l'ouvroir aux petits garçons du bourg central, moyennant une légère rétribution convenue par jour, entre la maîtresse et la mère. Ceci a déjà été expérimenté avec avantage dans plusieurs ouvroirs de faubourgs attenant à des villes, mais éloignés de la salle d'asile.

De même, il est possible d'essayer une combinaison analogue dans les très-petites communes rurales, si dépourvues de ressources, si chargées d'impôts, si dignes d'intérêt.

Ces communes perdues, en quelque sorte, au milieu de la civilisation, comme le seraient des oasis de sable dans une île de verdure, n'ont ni curé, ni souvent d'église, à peine un cimetière dévasté ; ni instituteur, ni institutrice, ni quelquefois de maire résidant.

Pendant l'été, les plus âgés des garçons vont à l'école de la commune voisine ; mais les filles, occupées avec leurs mères, n'y peuvent aller, l'hiver encore moins : les chemins sont défoncés, les ruisseaux grossis, les planches glissantes ; la nuit tombée, force est, filles et garçons, petits et grands, de rester au logis.

Eh bien, pourquoi n'établirait-on pas au centre de ces petites communes, au point le plus fréquenté, le plus abordable, une salle, une chambre, un refuge, gardé, surveillé par une ménagère de bonne santé, de bonnes mœurs et de bon vouloir? On aurait ainsi, à la fois, un ouvroir, un asile et un chauffoir, tout cela centralisé, mais simplement, économiquement, en petit, comme le village.

On y apprendrait aux filles à coudre, à marquer, à ourler, à tricoter, è raccommoder leurs effets, à se tenir propres d'habits, de main et de visage, à prier Dieu, à obéir.

On y apprendrait aux petits garçons, et pourquoi pas? à tricoter, à coudre et à marquer, tout comme les filles. Est-ce qu'ils ne sont pas destinés, quelques-uns du moins, à être un jour, tisserands, fileurs, cordonniers, tailleurs? et quel mal y a-t-il de réunir au bout de ses doigts l'adresse à la force, et de se préparer, dans la dure vie de la pauvreté, deux ressources au lieu d'une?

Quand on y ajouterait de commencer à épeler, à joindre les mots, et à ébaucher avec le crayon sur l'ardoise, des figures d'animaux, quel mal encore?

Les mères de famille du voisinage y amèneraient leur petits enfants pour s'y désengourdir, s'y garer des accidents de l'isolement, s'y mêler, s'y façonner aux instructions et aux jeux de leurs petits compagnons.

Un thermomètre dirait à la maîtresse la chaleur de la salle, un vasistas en renouvellerait l'air, un poêle l'échaufferait.

La plus âgée ou la plus intelligente des filles servirait d'auxiliaire, de sous-maîtresse bénévole à la maîtresse, et des rapports de secours, de protection, de bienveillance mutuelle, s'établiraient entre tous ces enfants, et viendraient encore resserrer les liens de la famille communale.

Les frais de premier établissement n'excéderaient pas 30 francs ; l'indemnité de la ménagère, le chauffage, le loyer de la chambre, l'entretien annuel des outils d'instruction ne monteraient pas, tout compris, à plus de 100 francs.

Je passe d'autres bons effets de cette œuvre qu'il serait trop long de détailler. Il suffit que j'en aie dit assez pour qu'on la comprenne bien.

Je fais un appel, qui, je l'espère, sera entendu, à l'intelligence des conseils municipaux de ces petites communes, et à la charité des riches qui les habitent. Avec peu d'argent, ils peuvent rendre à leur commune un grand service.

Au surplus, François, l'essai a été tenté, et il a complétement réussi. L'amour du bien, quand on le porte en soi, est si ingénieux et si persévérant ! Il n'y a pas d'obstacles qui ne lui cèdent ; mais il ne faut jamais se laisser décourager.

XI

DES OUVROIRS CAMPAGNARDS.

MAITRE PIERRE.

Mon Dieu, François, comme te voilà mis ! ta veste est percée au coude et en vingt endroits ; ta femme et tes petites filles ont aussi leurs robes trouées, et il ne faudrait cependant qu'un bout de fil pour les recoudre proprement. Est-ce que ta femme ne sait pas coudre ?

FRANÇOIS.

Vous l'avez dit, maître Pierre, ma femme ne sait pas coudre : et où l'aurait-elle appris ? Et puis, quand même elle le saurait, elle n'en a pas le temps. Aller à l'herbe, traire les vaches, bercer les enfants, faire la soupe, apprêter les fromages, balayer la chambre, allumer le feu, pétrir, enfourner, et le reste, tout cela lui prend sa journée, et pas deux minutes pour autre chose.

MAITRE PIERRE.

Mais la couturière du village ou quelque voisine ne peut-elle lui venir en aide?

FRANÇOIS.

La couturière demeure au bourg qui est à demi-lieue de distance; et ne faudrait-il pas, d'ailleurs, lui donner argent pour travail? et cet argent nous ne l'avons pas. Quant à la voisine, elle n'en sait pas plus long que ma femme; et c'est le fait des maisons isolées et des petits hameaux, que nous vivons en ours et chétivement, sans trop regarder à la manière dont nous sommes habillés et vêtus.

MAITRE PIERRE.

Et cela est un mal, François; car la décence dans les habitudes du corps et la propreté du vêtement, distinguent l'homme civilisé du sauvage. Cette vie solitaire que tu mènes, François, ainsi, au surplus, que dix millions au moins de Français, a quelque chose de rude et de farouche qui ne convient pas, surtout aux femmes.

FRANÇOIS.

C'est vrai, maître Pierre. Aussi ma femme et mes filles ne peuvent souffrir la vue d'un étranger; et sitôt qu'elles en aperçoivent quelqu'un à travers les arbres de notre maison, elles se retirent et se cachent derrière une haie ou dans l'intérieur de la chaumière; elles ne sont pas moins curieuses, voyez-vous, maître Pierre, que les autres femmes, ni moins douces naturellement; mais elles sont comme effarées à l'aspect de nouveaux visages, et ne veulent se montrer non plus, de peur qu'on ne les trouve assez proprement arrangées.

MAÎTRE PIERRE.

Ajoute, François, que plus d'une mère de famille, d'une femme, d'une fille, n'ose, par amour-propre ou par honte de soi-même, aller le dimanche à l'église, de peur que les autres femmes ne s'aperçoivent que sa robe, son fichu, son bonnet, son manteau, tombent en loques ; et elle se prive par là des devoirs et des consolations de la religion.

Il est certain que jusqu'ici l'éducation des femmes a été beaucoup trop négligée dans tous les pays, par tous les gouvernements, mais l'éducation des campagnards principalement ; cependant, la femme est, après tout, la moitié du genre humain : elle est la maîtresse et la servante du logis, la gouvernante de l'homme, la providence de la famille : elle règne, elle trône sur l'escabeau du foyer domestique. Les petits campagnards, filles et garçons, moins vite développés de corps et d'esprit que les enfants des villes, demeurent, jusqu'à l'âge de douze ans au moins, sous l'autorité et la direction unique de leur mère : elle les couche, les lève, les habille, les nourrit de sa nourriture, après les avoir nourris de son lait : elle leur fait faire leur prière matin et soir au pied de son lit : elle les envoie à l'ouvrage et trop souvent à la maraude : ils n'obéissent pas à leur père qui va aux champs, mais à la mère qui reste au logis : elle leur inspire ses bons ou mauvais penchants ; elle les excite au bien ou les pousse au mal, et ils suivent en tout ses impulsions : si la mère est douce, pieuse, honnête, polie, les enfants sont, à leur tour, plus doux, plus polis, plus honnêtes ; tant ils subissent l'influence journalière de ses vices ou de ses vertus, de ses défauts ou de ses qualités ! Or, si cette influence est si grande sur des âmes encore si tendres, combien n'importe-t-il pas à la société tout entière, qu'elle soit utilement dirigée ? N'est-il donc pas vrai de dire, que tout ce qui améliore l'éducation de la femme, réagit plus tard sur l'éducation domestique des enfants, et sur la bonne ou mauvaise conduite du reste de leur vie?

Il est ainsi de toute nécessité de pourvoir à l'éducation complémentaire des petites filles de la campagne, et, après bien des tâtonnements, voici comment mon ami s'y est pris :

Il a cherché dans le village une femme d'un certain âge, bonne et accorte de manières, sachant coudre et gagnant péniblement sa vie, et lui a dit : « Ma pauvre « femme, vous vivez de peu et vous avez une chambre « nette et reluisante, grande et bien pourvue d'air et de « jour ; que vous coûte-t-elle? » A quoi elle a répondu : « Quinze écus de loyer par an. » Et mon ami lui repartit : « Je vous les donne, mais à une condition. « Écoutez-moi bien ! c'est que vous recevrez chez vous « les petites filles du village, envoyées par leurs mères, « et que vous leur apprendrez non point à broder, « plisser, denteler, ni à faire patrons et corsages, bon-« nets et robes, que ne savez pas vous-même peut-« être, mais tout simplement à border, ourler, marquer « et raccommoder, avec aiguilles et fil, d'abord leurs « jupes, afin d'être plus proprettes, et puis celles de « leur famille. Le voulez-vous ? »

FRANÇOIS.

Et cela a été fait?

MAITRE PIERRE.

Oui, François, et la pauvre femme a payé son loyer avec les quinze écus de mon ami, et les petites filles ont appris ce qu'elles ne savaient pas, et elles sont devenues plus affables et plus gentilles. En effet, la vie commune, sous l'œil d'une maîtresse, corrige beaucoup de petits défauts qui naissent de l'isolement, adoucit la rudesse du caractère, contraint les caprices et les emportements à plier sous la discipline, établit des rapports d'habitude, des échanges de services et de complaisances, et des liens même d'affection entre des enfants qui deviendront un jour, à leur tour, les chefs de la famille et les matrones du village.

Mieux apprises que leurs mères, ces petites filles reporteront dans les hameaux moins de sauvagerie, des mœurs plus douces et plus sociales, sans cesser d'être plus simples, et un ordre intelligent qui s'étend, plus qu'on ne pense, de l'arrangement décent d'une guimpe à celui de toute une maison. Elles sauront tirer parti d'un chiffon, soigneront les hardes de leurs jeunes frères et sœurs, et, se suffisant à elles-mêmes, elles feront entrer dans leur chaumière l'économie avec l'adresse.

La propreté amène le goût, et le goût l'envie de se mieux vêtir. Le vêtement plus élégant rapproche la classe laborieuse des classes oisives, et c'est un pas de plus vers l'égalité. A mesure que la civilisation, avec ses nouveaux besoins, descend plus avant dans les campagnes, il se fait de nouveaux appels à l'industrie et au commerce des villes, l'argent circule davantage, le bien-être social se répand de proche en proche, et tout le monde y gagne.

Je t'ai conté cette histoire, qui n'est pas un conte, François, mais une vraie histoire, pour te faire voir qu'on peut faire beaucoup de bien avec très-peu d'argent. Qu'est-ce, en effet, que quinze écus, par an, employés à si bonne œuvre?

Je te dirai de plus, François, que ce bon commencement d'expérience a engagé mon ami à généraliser son œuvre, et il y a été encouragé à peu près par tout le monde; car il y a plus de gens qu'on ne le croit, auxquels il suffit de montrer le bien pour qu'ils le fassent. Il a été aidé d'abord, par le zèle, les lumières et l'assistance des ministres de la religion, sans lesquels rien de bien ne peut se faire dans les campagnes avec ensemble, facilité et durée ; ensuite par le maire, par les sous-préfets et préfets, par le ministre de l'instruction publique et par le ministre de l'intérieur, qui ont alloué, chacun, une modique subvention ; par quelques conseils municipaux bien intentionnés; enfin, par les conseils généraux dont plusieurs ont voté, pour l'établissement de nos ouvroirs campagnards, des allocations spéciales.

Tout a été parfaitement organisé sur le pied d'une véritable petite institution administrative. Le règlement est uniforme et des plus simples.

Les petites filles vont à l'ouvroir vers le 15 novembre, époque à laquelle finissent les travaux des champs, jusqu'au mois de mai, époque à laquelle ils recommencent.

Les heures de l'ouvroir sont réglées de concert entre la maîtresse et l'instituteur. Au lieu de se mêler aux petits garçons dans les récréations, et de barboter, comme eux, dans la boue, au sortir de l'école, elles vont faire un exercice de main, d'ordre, de propreté, d'adresse, de discipline, qui convient mieux à leurs goûts et à leur sexe ; aussi sont-elles empressées et toutes joyeuses de s'y rendre.

L'ouvroir étant gratuit, on y reçoit les petites filles pauvres qui ne sont pas admises à l'école, et comme elles y trouvent du feu et des compagnes, leurs pères et leurs mères peuvent aller vaquer à leurs travaux, et gagner des prix de journée, sans être obligés de laisser et de chauffer leurs enfants au logis. Et les chauffer, le pourraient-ils ? C'est donc à la fois pour eux, une épargne, un gain et une charité.

En entrant, elles se lavent les mains, se débarbouillent le visage et se rapproprient.

Ensuite, elles se mettent à genoux, et font en commun leur prière ; puis elles prennent chacune, dans une case à part, ou sur une planche numérotée, son fil, laine ou coton, son étui, ses aiguilles, ses dés. Les plus jeunes tricotent des jarretières et des bretelles ; les autres cousent, marquent, ourlent, tricotent des bas ou raccommodent leurs propres effets, ou ceux qu'elles ont apportés de chez leurs parents.

Quelquefois, pendant qu'elles s'occupent, l'une d'elles fait, à haute voix, la lecture ; quelquefois, en travaillant, elles chantent des cantiques.

Et par les soins du maître d'école qui vient y passer quelques moments, elles apprennent aussi, sur le tableau, les premières règles du calcul, savoir : l'addition, la soustraction et la multiplication, avec le système des poids et mesures, le tout, le plus élémentairement possible.

Chaque maîtresse doit répéter aux petites filles tous les jours, cette simple recommandation qui n'a pas besoin de commentaire : « Aimez-vous, mes enfants, et « soyez toujours bonnes les unes envers les autres. »

Le choix de la maîtresse se fait conjointement par le maire et le pasteur, et doit porter de préférence sur la femme du maître d'école, si elle est capable et morale, ou, à son défaut, sur une femme mariée, ayant bonne vie et mœurs, et sachant l'état de couturière ; soumise, d'ailleurs, à la surveillance et à l'inspection des officiers de l'enseignement primaire.

Un ouvroir dans les campagnes de la France intérieure ne doit pas coûter, terme moyen, plus de 70 fr., qui se répartissent ainsi, savoir :

1° Indemnité de la maîtresse. . . . 40 fr.
2° Gratification, id. 10
3° Pour un peu de bois. 10
4° Pour l'entretien annuel des ciseaux, fil, coton, épingles, aiguilles, canevas, etc. 10

Total. . . . 70 fr.

Les frais de l'établissement consistent : en un poêle, des bancs de bois, un thermomètre, un vasistas, quelques douzaines d'étuis, des ciseaux, des dés, des aiguilles, du fil de coton assorti, quelques pelotes de fil. La moindre souscription, le moindre don, couvre ces frais.

Parfois, mais ceci est rare, les moins pauvres de ces filles apportent leur fil, une paire de ciseaux, un étui, des épingles, un canevas, et elles offrent à la fin de l'année, une légère rétribution à la maîtresse, pour la récompenser de ses soins.

Les dames surveillantes donnent des toiles et étoffes que les petites filles taillent et cousent, ourlent et découpent, en bonnets, en fichus, en brassières, en effets de layettes, et qui sont distribuées ensuite à des femmes en couches. Bonne habitude, touchante idée de faire ainsi travailler le pauvre pour le pauvre.

Les ouvroirs campagnards, comme toutes les choses qui ont de la durée, établis sur ce pied-là depuis quelques années, s'acclimatent peu à peu et se propagent avec un progrès lent.

Mon ami n'a pas perdu son temps, il en a déjà fondé vingt-six dans vingt-six communes, et ces ouvroirs contiennent six cents filles environ.

On peut donc considérer l'œuvre comme solidement assise. Quelques préfets intelligents s'en sont emparés, et elle ne peut plus aujourd'hui que se perfectionner et que grandir.

XII

REPOSOIRS POUR LA VIEILLESSE.

FRANÇOIS.

Dans vos entretiens sur les *salles d'asile*, vous vous êtes occupé, maître Pierre, des petits enfants. Dans celui de *l'enseignement primaire*, vous avez dit les moyens d'instruire et de moraliser les jeunes gens ; dans celui des *adultes* et des *salaires*, vous avez fait sentir la nécessité de perfectionner l'éducation des hommes mûrs. Mais pour embrasser dans votre sollicitude charitable, tous les âges de la vie, ne songerez-vous pas aux vieillards ?

MAITRE PIERRE.

Si, François, et j'y songeais.

FRANÇOIS.

Vous avez raison, maître Pierre. Car si, d'un côté, l'enfance est débile, d'un autre côté, elle intéresse. Elle émeut la sensibilité des femmes. Il n'y a pas de dureté de cœur qui ne s'amollisse et ne se fonde à la vue de ces petits êtres souffrants. Les enfants ont pour appui leurs parents ou pour asile des hospices. On ne laisse dans aucun pays les enfants mourir de faim, de soif, de froid, de misère. On les plaint, on les recueille, on les adopte, on les soigne, on les élève. Vous leur ouvrez aussi un refuge dans vos salles d'asile; mais qui pense aux vieillards des deux sexes? Qui s'attendrit à leurs infirmités, à leur caducité, à leur isolement? Veufs, chagrins, délaissés, qui les chérit? Leurs amis? Ils n'en ont plus. Leurs parents? Ils les ont perdus. Leur travail? Qui les emploierait. Leurs forces? Elles sont tombées. Les grâces de l'enfance, son innocence naïve, sa douceur, sa faiblesse, attirent vers elle tous les cœurs. Mais les haillons du pauvre vieillard, la rudesse anguleuse de ses traits et sa malpropreté, ont quelque chose d'âpre et de grossier qui dégoûte; ses infirmités repoussent plus qu'elles n'émeuvent; cette face humaine qui se flétrit, se ride, se creuse, et ce corps qui tremble, s'affaisse et se penche vers le tombeau, répugnent involontairement, font faire à chacun un pénible retour sur soi-même, et, pour s'étourdir, on s'éloigne, on écarte cet objet de la main et des yeux. Ainsi notre nature est faite. Songeons donc, songeons, maître Pierre, à consoler la vieillesse du pauvre.

MAITRE PIERRE.

Ajoute, François, cette autre observation : les hommes du peuple sont tendres et paternels pour leurs enfants. Ils ne sont pas tendres et humains pour leurs vieux parents. C'est qu'ils attendent des secours de leurs enfants, et qu'ils sont obligés d'en donner à leurs ascendants. Les enfants sont une espérance, et les vieillards une charge. Nous ne savons pas ce que seraient les hommes dans l'état de nature ; nous ne pouvons les prendre que tels que les a faits notre état social, et c'est à la communauté à corriger ses défauts, et à soulager les douleurs de la famille. La tendresse paternelle est chose ordinaire, la piété filiale est chose rare. Bien des chagrins domestiques, des duretés de cœur, des refus, des mécomptes, des dégoûts, des privations de toute espèce, affligent la vieillesse des hommes du peuple. Combien y en a-t-il qui se dessèchent d'ennui sur leur grabat, périssant des maux de l'âme et du corps, de maux sans fin et sans remèdes ? Combien se désespèrent dans le long isolement des jours, et font des prières à la mort pour qu'elle vienne ? Combien ne peuvent satisfaire ce besoin de parler et d'entendre qui leur parle, de comprendre les gens du temps passé et d'en être compris ? Combien, dans les rudes hivers, y en a-t-il aussi qui meurent de froid sous la mansarde ?

C'est cependant le devoir de la société de ne laisser périr de misère ni de froid, aucun de ses membres. Car les hommes ne se sont mis en société que pour se garantir mutuellement leur existence. La religion, la morale, la justice, l'égalité ne souffrent l'énorme disproportion des richesses qu'à la condition, bien facile à remplir, de secourir ceux de nos frères à qui tout manque, feu, lumière, nourriture, logement, vêtement, remèdes.

Cette obligation est de première nécessité dans les

villes. Les conseils municipaux et les maires doivent porter en première ligne, sur leur livre de dépenses, celles relatives aux salles d'asile pour l'enfance, à l'enseignement primaire, aux écoles d'adultes, aux ouvroirs, aux ateliers de travail, aux caisses d'épargne, aux crèches, aux bibliothèques populaires, aux hospices pour les infirmes et les malades, aux reposoirs pour la vieillesse. Les premiers fonds disponibles du budget communal devraient être exclusivement appliqués à ces sortes de besoins. Les constructions de théâtres, les fontaines monumentales, les musées, les mairies élégantes, les embellissements, sont des dépenses de luxe qui ne doivent passer qu'après.

La recette communale, en rentes, revenu foncier, loyer, perceptions, tarifs, octrois, est le patrimoine du pauvre.

De plus, il faudrait que dans chaque ville, il se formât huit ou dix sociétés de bienfaisance, composées d'hommes et de femmes de loisir et de fortune, qui seconderaient chacun des établissements dont je parle, de leurs conseils, de leur surveillance et de leur bourse. Alors régneraient dans la cité la bonne harmonie, la paix du travail, l'ordre intelligent de la vie, l'abnégation, le dévouement, la bienveillance et l'union des cœurs.

FRANÇOIS.

Vous avez raison, maître Pierre : la véritable liberté n'est, au fond, que la bienveillance mise en pratique. Mais il faudra beaucoup de temps avant que nos administrations municipales n'entrent dans la voie de ces bonnes œuvres, et surtout avant que les plus riches ne comprennent qu'ils doivent consacrer une partie de leur instruction, de leur journée et de leur avoir, à éclairer, à consoler, à soulager, à servir les travailleurs et les misérables.

Mais, en attendant, dites-moi ce que vous feriez, si vous étiez chargé de construire un reposoir libre pour les pauvres vieillards des deux sexes.

MAITRE PIERRE.

Je choisirais une grande salle séparée par quelque cloison, en deux moitiés, dont l'une serait destinée aux femmes, l'autre aux hommes.

Elle serait planchéiée, lavée, chaque jour, et les murs seraient blanchis à la chaux.

L'air serait fréquemment renouvelé par des ventilateurs.

Une bibliothèque contiendrait des livres de voyages, de sciences et d'art, de morale et d'histoire.

Des lectures seraient faites, tantôt à part et à voix basse, tantôt à voix haute et en commun.

Le silence et l'ordre y seraient maintenus par un règlement disciplinaire, mais paternel.

L'entrée et la sortie, permises aux vieillards des deux sexes seulement, seraient libres.

La salle serait ouverte depuis huit heures du matin jusqu'à huit heures du soir.

Les hommes auraient un directeur, les femmes une directrice.

Les vieillards pourraient élire entre eux un surveillant et un lecteur.

Les femmes pourraient lire à part leurs livres de piété,

ou travailler aux différents ouvrages de tricot, d'aiguille ou de filage.

A des heures convenues, les hommes et les femmes pourraient sortir et se promener dans des préaux séparés.

Des bancs seraient disposés extérieurement et tournés au printemps, si faire se peut, vers le soleil, afin que les vieillards pussent s'y asseoir, s'y ranimer et s'y livrer à leurs causeries.

La salle serait échauffée par un poêle construit de manière à servir à la fois de calorifère pour la salle, de ventilateur pour le renouvellement de l'air, et de cuisson pour des pommes de terre ou des boissons médicamenteuses.

Les vieillards pourraient apporter leur nourriture, qu'ils prendraient à des heures fixes.

Un médecin de l'hospice leur ferait là des visites gratuites, et leur donnerait des consultations.

On leur ménagerait, de temps en temps, des distributions de sabots, de bas de laine, de pain ou de soupes économiques.

Cet établissement, indépendamment de la surveillance municipale, serait soumis à l'inspection d'un comité bénévole. Il y a dans les classes aisées, plus d'hommes et de femmes charitables qu'on ne le pense, et à qui ce n'est pas la volonté de faire le bien qui manque, mais seulement l'occasion et la manière. C'est à leur sympathie, à leur bienfaisance, à leur bon esprit, que s'adresse notre appel.

Les frais d'établissement, dans les villes de moyenne grandeur, ne s'élèveraient pas à plus de 500 francs, et l'entretien annuel à plus de 1,500 francs , loyer compris, peut-être à moins.

Pourquoi les conseils généraux ne voteraient-ils pas d'allocation pour les reposoirs des vieillards, comme ils en votent pour les salles d'asile de l'enfance?

Qu'un maire de sous-préfecture, zélé, intelligent, charitable, ami du pauvre, prenne l'initiative d'une telle œuvre, et les autres maires, par une louable imitation, feront, dans l'intérêt de leur cité, de semblables établissements. Y a-t-il de l'argent mieux employé? Y a-t-il de meilleurs moyens d'unir toutes les classes, les supérieurs et les inférieurs, de les rapprocher, de les porter à des sentiments bienveillants, les unes pour les autres, que ces moyens-là ?

XIII

DES CHAUFFOIRS TEMPORAIRES.

FRANÇOIS.

Si l'impuissance de l'administration, si la parcimonie de certains conseils municipaux, si la tiédeur de la bienfaisance, si la nouveauté même de l'institution ne permettait pas de fonder tout de suite et partout des reposoirs de vieillards, ne pourrait-on pas établir, dans une infinité de lieux, des chauffoirs temporaires ?

MAITRE PIERRE.

J'y avais songé, François ; et, en effet, les vieillards souffrent encore plus du froid que de la faim, et c'est à les garantir du froid qu'il faut pourvoir. Mais, dans toutes les communes, trouverait-on une chambre, des matières combustibles, et même des vieillards à chauffer ainsi ?

FRANÇOIS.

Non pas dans les petites communes, mais dans les

chefs-lieux de canton qui sont presque toujours des communes agglomérées.

Ainsi, le loyer d'une grande chambre au rez-de-chaussée, pendant les quatre mois de la dure saison, ne monterait guère au-dessus de 50 francs. Un poêle économique avec du bois ou du charbon de terre, selon le pays, et quelques bancs autour de la chambre, un thermomètre pour la fixation modérée de la température, un vasistas pour le renouvellement de l'air, ne seraient pas non plus de grande dépense. On y recevrait, à la présentation de leurs cartes nominales, délivrées par les maires, sur leurs propres indications et sur celles des bureaux de bienfaisance, les vieillards du sexe masculin, âgés de soixante ans et au-dessus. L'un d'entre eux, choisi et préposé *ad hoc* par le maire, moyennant une légère rétribution de 5 ou 6 francs par mois, serait chargé de la clef, du balayage, de la garde, de l'entretien du poêle, de la petite police de la salle et de l'observance du règlement dressé par le maire et affiché sur la porte intérieure. Un comité de quelques notables de l'endroit, choisi également par le maire, aurait la surveillance de ce chauffoir, et à l'aide de quelques minimes souscriptions qu'il recueillerait, on pourvoirait, s'il y a lieu, chacun des vieillards admis, d'une paire de sabots et d'une paire de chaussons de laine. On n'établirait, d'ailleurs, ces chauffoirs temporaires, qu'autant qu'on se serait assuré préalablement d'un nombre suffisant de vieillards.

MAITRE PIERRE.

J'adopte ton idée, François, pour les grosses communes rurales, et je la transporterais dans les communes

urbaines, dans les villes où les ressources de la charité
sont à la fois plus abondantes encore et plus intelligentes, et où les misères et les souffrances de la vieillesse
sont plus intenses, plus multipliées, plus dignes encore
de pitié.

FRANÇOIS.

En effet, maître Pierre, les brouillards qui enveloppent la plupart des villes, sont très-perçants et plus
douloureux encore que le froid vif des champs.

Les mansardes et greniers où les vieillards se réfu-
gient, sont mal clos. S'il y a un genre de pauvres qui
souffrent, c'est surtout ceux-là, et s'ils souffrent de
quelque chose, c'est comme vous le dites, c'est surtout
du froid.

Ils souffrent encore d'une autre sorte de privation,
celle de la conversation, de la causerie, ce besoin particulier des vieillards, de la causerie avec les contem-
porains et sur les choses du passé.

Dans un chauffoir commun et non public, ces vieillards auront moins froid que chez eux, et de plus, ils
pourront converser.

L'exercice de l'aller et du retour, les tirant de leur
apathie, sera favorable à leur santé.

Dans un chauffoir commun et non public, il n'y aura
pas côte à côte de bons et de mauvais sujets. Les
chauffoirs *publics* n'ont pu réussir nulle part. Les hommes d'un âge mûr y maltraitent les vieillards, les persiflent, les injurient, les battent et les chassent. C'est
un réceptacle de vagabonds, de gens sans aveu, de re-
pris de justice, d'ivrognes, de paresseux ; on y fait ta-
page et il faut que le commissaire de police inter-

vienne pour y remettre le bon ordre, quelquefois la garde.

Dans un chauffoir commun, les vieillards pourront laisser leurs enfants et petits-enfants disposer plus librement de leur journée de travail. Ils seront mieux reçus le soir à leur retour dans leurs foyers. Les habitudes de la famille ne seront pas interrompues : objection qu'on fait, plus en grand, contre les hospices clos.

Le chauffoir temporaire, et non public, ne s'adresse qu'à de vrais vieillards, infirmes sans être impotents, honnêtes, privés dans leur isolement de femme, enfants, parents, et d'amis comme tous les malheureux, et bien notés sur le carnet de la mairie et du bureau de bienfaisance.

On ne donne pas ici, comme on n'est que trop souvent exposé à le faire dans les autres œuvres de charité, une prime, une aumône à la paresse valide, à l'oisiveté robuste et virile. Mais, à moins de les tuer, que ferez-vous de pauvres vieillards qui ont faim, qui ont froid ? Il leur faut du pain, il leur faut du feu.

S'ils ne se rendent pas au chauffoir, si la salle est vide, c'est une preuve qu'ils ne souffrent pas autant que vous le croyez, autant qu'ils le croyaient eux-mêmes.

Car il y a toujours, il faut l'avouer, un peu d'imagination, même dans les maux les plus réels. Oter son prétexte à la plainte, c'est en partie ôter le mal, ou du moins c'est l'adoucir. Vous vous plaignez de la faim, on vous offre du pain ; vous vous plaignez du froid, on vous offre du feu ; vous vous plaignez d'être enfermé, on vous ouvre la porte. Qu'avez-vous à dire? Ce n'est plus la faute de personne, c'est la vôtre, la vôtre volontaire, si vous refusez de manger, de vous chauffer, de sortir.

Les satisfactions de l'imagination et du cœur devraient occuper davantage les moralistes, les gens charitables et les administrateurs qui, dans l'allégement des pauvres, ne font peut-être que trop d'attention aux seuls maux du corps.

Ceci posé, le problème de l'utilité des chauffoirs est résolu par le seul fait de leur établissement. Car si les vieillards y vont, c'est donc qu'il y a une souffrance réelle, une souffrance de froid à soulager, et s'ils n'y vont pas, c'est donc qu'il n'y a pas pour eux de souffrance du froid, ou du moins qu'ils s'en soulagent autrement.

MAITRE PIERRE.

Admettrait-on dans les chauffoirs, des vieillards hommes ou des vieillards femmes, car c'est là encore un point essentiel à examiner?

FRANÇOIS.

Les hommes âgés sont plus malheureux que les femmes âgées. Celles-ci se servent de chaufferettes. Elles font un peu de ménage et de cuisine, lavent la vaisselle, gardent les petits enfants et les jeunes filles, et peuvent rendre toutes sortes de menus services qui leur valent toutes sortes de petits secours. Elles sont plus sédentaires, elles ont plus d'habitudes pieuses, moins de besoins, moins de solitude de corps, de langue et d'esprit, moins d'ennui

MAITRE PIERRE.

Je conviens de ceci et je sais, d'ailleurs, que ces vieillards hommes ne seraient pas renfermés comme dans un hospice ou dans un dépôt de mendicité, et qu'ils auraient, à toute heure du jour, libre entrée, sortie, et rentrée au chauffoir.

Mais la seule causerie entre eux, sans aucun travail, sans lecture, sans autre récréation, suffirait-elle? et c'est à quoi il faudrait aviser.

Peut-être, et songe à cela, François, un chauffoir temporaire de femmes célibataires et isolées, et âgées de plus de soixante ans, aurait-il d'abord plus de succès? Les femmes âgées ont encore moins besoin de mouvement que les hommes âgés. Elles apporteraient au chauffoir de quoi filer, tricoter, raccommoder, ourler, broder, chacune selon son état, sa vue, ses infirmités.

Il n'y aurait aucun inconvénient à leur donner un vieillard, pour surveillant et gardien de salle, préposé à ce par le maire et subventionné de 5 à 6 francs, comme je l'ai déjà dit.

Qui empêcherait, d'ailleurs, de mener concurremment l'essai de deux chauffoirs de vieillards-hommes et de vieillards-femmes? si tous deux réussissent, tant mieux, on aura soulagé deux grandes misères. Si l'un d'eux seulement réussit, c'est toujours une infortune de moins.

Au surplus, les difficultés d'un pareil établissement, tout petit qu'il soit, sont plus nombreuses, François, que tu ne l'imagines. En effet, ce n'est pas l'argent des souscriptions qui manquera, ni le local, qu'on trouve à peu près partout et à bon compte, ni le bois ou le charbon de chauffage, ni les bancs, ni le poêle, ni le thermomètre, ni le gardien, ni la bonne volonté, la sympathie, le dévouement charitable et sincère des juges de paix, des maires, des curés et des membres des bureaux de bienfaisance. C'est la matière même qui manque, ce sont les vieillards.

En effet, ils ont de la peine à remuer leurs membres appesantis par l'âge, engourdis par le froid, à se déplacer, à sortir pour rentrer, à prendre une nouvelle coutume, à voir de nouveaux visages, à ne pas rester solitaires lorsque c'est leur fantaisie, quoique, d'un autre côté, ils aient besoin de causerie, à montrer enfin, à des inconnus, soit leurs plaies, soit leurs infirmités ou leur dégradation intellectuelle et physique.

Il est vrai que ces répugnances une fois surmontées, un autre pli une fois bien pris, l'habitude d'aller au chauffoir une fois bien contractée, l'œuvre irait toute seule.

Mais il faut d'abord s'assurer du désir, du bon vouloir, de la persistance des vieillards à se rendre au chauffoir. Il ne faudrait pas ni les y contraindre, par exemple comme par le refus de la distribution ordinaire des cotrets à domicile, ni peut-être même les y encourager par quelque prime, par exemple comme par l'espoir d'une place aux hospices de la vieillesse pour les plus persévérants, ou par la délivrance de bas de laine, de sabots, de hardes, de vêtements, de chandelles, aux plus assidus. Il vaut mieux que les vieillards viennent au chauffoir, à cause du chauffoir lui-même. C'est la souffrance du froid que l'œuvre doit, avant tout, chercher à soulager.

L'administration municipale pourrait ingénieusement préluder par des chauffoirs temporaires, d'une expérience facile et peu coûteuse, à l'établissement plus important, plus sérieux et plus complet de reposoirs fixes. Le bien, pour être durable, a besoin d'être tâté en quelque sorte, expérimenté, fait pas à pas, avec prévoyance, avec simplicité.

XIV

BIBLIOTHÈQUES POPULAIRES DES VILLES.

MAITRE PIERRE.

Tu as des enfants, François?

FRANÇOIS.

J'ai un garçon de douze ans qui va à l'école.

MAITRE PIERRE.

Et qu'y apprend-il ?

FRANÇOIS.

Il sait lire, un peu écrire et un peu compter ; c'est assez pour nous autres ; le temps me dure, et je vais l'en retirer.

MAITRE PIERRE.

Pourquoi ?

FRANÇOIS.

C'est que, voyez-vous, maître Pierre, mon garçon me tient lieu de domestique ; il m'aide dans mes travaux, et ce n'est pas tout que d'être savant, il faut vivre ; je

n'ai ni terres ni rentes, moi, et je n'ai pas de quoi me
promener tout le long du jour, ou croiser les bras sur
le pas de ma porte, comme Thibaut, notre voisin, qui
est riche, lui !

MAITRE PIERRE.

Mais ton fils va désapprendre en peu de mois, ce qu'il
a appris à l'école : qui ne continue pas à lire, bientôt
ne sait plus lire. C'est comme de tous les métiers : qui
ne les fait plus, les oublie. Est-ce que ton fils est tellement occupé du matin au soir, qu'il ne puisse trouver
un moment pour lire ?

FRANÇOIS.

Oh ! si, maitre Pierre, mais où voulez-vous qu'il aille
lire ? quels livres voulez-vous qu'il lise ? avec quoi les
achèterait-il ?

MAITRE PIERRE.

S'il n'a pas de quoi en acheter, il peut en emprunter.

FRANÇOIS.

Mais il n'y a pas de livres dans le village, si ce n'est
les *A, be bi bo bu* de notre magister et les livres d'église
de monsieur le curé, qui parlent latin. Nous les enten-
dons, ceux-ci, chanter le dimanche, et nous en savons
par cœur, à peu près ce que nous en pouvons retenir;
mais d'autres livres, il n'y en a pas, et s'il y en avait,
on ne nous les prêterait point.

MAITRE PIERRE.

Ecoute, François, il y a un moyen de procurer des
livres à ceux qui veulent lire, et ce moyen là, qui ne
coûtera rien aux pauvres, coûtera bien peu de chose
aux riches. Tu sais bien, François, lorsque tu vas à la

ville, que l'on a établi, dans une très-grande maison, une bibliothèque dite publique, où chacun peut demander et lire, sans déplacement et sans payer, le livre qui lui plaît, parmi tant de livres. Ces livres, François, il y en a par milliers, tous rangés dans leurs cases, très-proprement et par ordre de matière et de numéros, et la plupart sont bien savants, trop savants peut-être, car ils ne sont pas faits pour le pauvre peuple, qui ne les lit point, d'abord parce qu'il ne les comprendrait guère, ensuite et surtout parce qu'il ne lui vient pas dans la pensée d'entrer avec des sabots et des vestes mouillées, et usées jusqu'au coude, dans ces belles salles qui ressemblent à des palais, et de s'asseoir auprès des messieurs de la bourgeoisie, qui sont plus reluisants que lui de corps et d'esprit. Ignorance, crainte, fausse honte, que sais-je? tout le retient, et pour lui, les grandes bibliothèques, toutes gratuites qu'elles soient, sont des trésors fermés et cadenassés, auxquels ils n'ose toucher de la main, ni même des yeux.

FRANÇOIS.

Mais si les pauvres gens de la ville n'y mettent pas les pieds, comment feraient ceux des campagnes qui ne sont ni plus savants, ni mieux vêtus, ni plus osés, ni aussi proches? c'est science chère pour l'Etat qui la paye, est science perdue pour les villageois qui n'en profitent pas.

MAITRE PIERRE.

Tu as raison, François : aussi les grandes bibliothèques, palais de la haute science, archives du génie de l'homme, bonnes et précieuses pour les gens de classe riche et moyenne, les étudiants et les érudits, ne servent de rien au peuple, et c'est du peuple qu'il faut aussi s'occuper. Le peuple est partout, François : à la ville, dans les campagnes, les besoins de son esprit sont les mêmes ; il faut les satisfaire et à bon compte.

FRANÇOIS.

Mais le moyen ?

MAITRE PIERRE.

Le voici.

Il n'y a pas de petite ville ou bourg de 1500 âmes agglomérées, où ne se rencontrent des gens d'état, marchands, notaires, médecins, chirurgiens, officiers en retraite, négociants et bourgeois, vivant de leurs revenus, et parmi eux, il faut bien croire, François, pour l'honneur de l'humanité, qu'il s'en trouve plusieurs, plus même qu'on ne le croit, qui aiment le peuple et qui songent à lui. Eh bien, François, rien ne serait plus facile à ces honnêtes gens que de se réunir, en comité autorisé par le maire ou le préfet, au nombre de cinq, six, huit, ou dix personnes, et de se cotiser entre elles, pour une somme de dix francs chacune, par exemple ; cela fait, elles recevraient pour cette bonne œuvre, des souscriptions volontaires qui monteraient vite au double de la somme. Voilà donc cent francs de trouvés ; c'est peu, mais c'est assez.

Avec cent francs, le comité achèterait plus de cent petits volumes, qui traiteraient de toute sorte de matières ; il consulterait avec une sagacité curieuse et paternelle, ce qui convient le mieux aux artisans dans l'état actuel des besoins, des intérêts, des préjugés, de l'éducation, du commerce, et de mille autre rapports qui varient, et se combinent avec les temps, les personnes et les lieux. Ainsi, les Manuels industriels, tels que ceux des menuisiers, des serruriers, des tailleurs, des cordonniers, teinturiers et autres, conviennent aux villes spécialement, et il ne faut souvent que l'étude de la théorie pour éveiller, dans la pratique, l'intelligence d'un ouvrier, et pour le conduire soit à des inventions utiles à l'art, soit à des procédés plus sûrs, plus rapides, plus ingénieux ou plus féconds.

Les notions sur les caisses d'épargne, l'hygiène urbaine qui n'est point l'hygiène rurale, les relations des ouvriers avec la police municipale, les éléments de la mécanique, de la physique et de la chimie, la géométrie élémentaire, la statistique, la morale, un peu d'histoire, l'art du dessin, dans ses diverses applications aux divers métiers, les mouvements du commerce et de l'industrie, etc. ;— voilà la matière des petits livres qui sont faits ou à faire, et qui pourraient composer le fonds d'une bibliothèque urbaine. En ceci, c'est moins le nombre que le choix qui importe, et il faut faire attention à l'utilité et non au luxe. Les livres du peuple n'ont pas besoin d'être reliés en maroquin et dorés par le travers, pour être exposés sous glace, comme des reliques, dans les rayons éclatants d'une bibliothèque ; il faut qu'ils soient lus, feuilletés, maniés et retournés en cent façons ; lorsque le doigt les a usés ou qu'ils sont tachés d'encre ou de suif, on les renouvelle.

Reste le local.

Le comité chargerait quelque petit marchand, honnête homme, bon citoyen, de garder dans sa boutique et dans une boîte, la bibliothèque étiquetée. Il aurait un registre sur lequel on inscrirait le titre de chaque

livre, le temps du prêt, le nom de l'emprunteur et sa
signature. Les volumes ainsi prêtés passeraient de main
en main, et viendraient, en quelque sorte, s'asseoir auprès du foyer de l'artisan, et se glisser sous la toile des
mansardes. Ainsi, l'instruction fructifierait silencieuse-
ment dans les esprits simples qu'elle n'a pas jusqu'ici
visités. A mesure que les besoins intellectuels s'éten-
draient parmi les masses, par l'usage et l'exercice, les
ressources de la bibliothèque se multiplieraient par les
souscriptions et par la bienfaisance des personnes aisées.

Indépendamment de ces livres ambulatoires et cir-
culants, il serait aussi facile que désirable d'établir
dans chaque ville d'arrondissement ou de canton, une
bibliothèque populaire, mais non déplaçable, qui serait
confiée à la garde et direction de l'instituteur communal du second degré.

Cet instituteur-chef est un bibliothécaire tout trouvé,
qui ne coûterait rien ; exact à son poste, vulgairement
instruit, homme simple, accessible, connu des ouvriers
et de leurs enfants, et qui sait, mieux que personne, ce
qu'ils sont avides et curieux d'apprendre : c'est l'homme
qu'il faut.

L'instituteur, en congé, serait lui-même suppléé bé-
névolement par un membre du conseil municipal ou
par quelque autre citoyen, que le maire désignerait et
qui s'honorerait de ce devoir.

La salle de la classe primaire est partout vaste, bien
aérée, bien éclairée et proprement garnie de tables,
de bancs, d'écritoires ; un poêle échauffe la salle. L'in-
stituteur-bibliothécaire, du haut de son pupitre, main-
tiendrait facilement l'ordre et le silence. Le catalogue

des livres serait affiché en grosses lettres, et des cartes
de géographie, des figures de géométrie applicables
aux arts manuels et industriels, tapisseraient les murailles. Un moniteur, de garde ce jour-là, servirait
d'aide au bibliothécaire pour apporter, reprendre et
ranger les livres. Ouverte le dimanche, la bibliothèque
admettrait les ouvriers et les jeunes élèves qui vaguent
dans les rues en bâillant, ou qui fréquentent les billards, les cabarets, et les maisons de débauche. Cet
établissement, aussi moral qu'instructif, serait soutenu,
je n'en doute pas, par l'approbation des pères de famille et des bons citoyens. Peu de livres, mais tous
moraux, usuels, intéressants, bien choisis, seraient mis
en lecture, et la dépense de leur achat, de leur renouvellement et de leur augmentation mesurée et progressive, se couvrirait par des dons et souscriptions
volontaires et par une légère subvention communale ;
cette dépense au surplus serait de si peu de chose,
qu'elle vaut à peine qu'on en fasse mention.

Si la ville possédait une ou plusieurs salles primaires,
qu'il fût possible d'approprier à cette destination, le
maire formerait un comité de citoyens instruits, zélés,
philanthropes, qui tiendraient lieu, tour à tour, de
bibliothécaires, de la même manière qu'un administra-
teur préside gratuitement, chaque dimanche, aux
opérations de la caisse d'épargne.

On pourrait joindre aux livres, quelques collections
d'histoire naturelle, de minéralogie, de dessins, ou
d'instruments de physique, et l'on inscrirait sur la porte
d'entrée ces mots : *Bibliothèque des Ouvriers.*

Voilà pour les villes.

XV

BIBLIOTHÈQUES DES CAMPAGNARDS.

FRANÇOIS.

Et les campagnes, maître Pierre, qui sont plus nombreuses, plus ignorantes et plus nécessiteuses d'esprit que les villes où tant de ressources d'esprit et de choses abondent, les campagnes, les négligeriez-vous ?

MAITRE PIERRE.

Non, François, je n'oublie point qu'il y a en France, sur 35 millions d'hommes, plus de 25 millions de laboureurs, et comme les gouvernements siégent dans les villes, que les lois sont faites par les gens des villes, et qu'on s'imagine que toute la France est éclairée, parce qu'il y a de très-grandes lumières dans les académies, les sociétés littéraires, les colléges, les tribunaux, les administrations, les professorats, les musées, les écoles et les salons des villes, il résulte de là que les pauvres campagnards sont oubliés, et qu'ils se transmettent fidèlement, de père en fils, l'ignorance, les préjugés et les erreurs des siècles les plus reculés. Or, c'est cette ignorance, ce sont ces préjugés, ce sont ces erreurs qu'il faut détruire; mais ce n'est pas l'affaire d'un jour; temps, patience, observation, nous aideront.

Déjà le gouvernement, et nous lui en savons gré, a établi dans chaque commune une école primaire, un instituteur salarié pour les riches, quasi gratuit pour les pauvres, et un comité local de surveillance. J'ajoute que la création de maisons d'école que l'Etat et les conseils généraux subviennent de leurs fonds, est à elle seule un grand bienfait, tout matériel qu'il soit.

Pour le sentir, il faut avoir vu les anciennes classes, à peine éclairées par une lucarne basse, enfumées et remplies d'un air méphitique, où les enfants s'entassaient les uns sur les autres, sans pouvoir bouger ni respirer. On a déjà fait beaucoup, il faut en remercier l'administration, mais cela n'est pas assez.

Je te l'ai déjà dit, François, ce n'est le tout d'apprendre un métier, il faut le pratiquer; ce n'est le tout que le fruit mûrisse sur la branche, il faut savoir le cueillir; ce n'est le tout d'avoir appris à lire, il faut lire. Eh bien, il n'y a pas de commune rurale où il ne se trouve plusieurs propriétaires riches, un du moins. C'est à eux ou à lui à prendre l'initiative, et à s'honorer par la fondation d'une bibliothèque. Peu d'argent suffit, mais bien employé. De petits traités sur la morale, les préjugés populaires, les droits et devoirs municipaux, le dessin linéaire, l'arpentage, les notions des sciences usuelles, la météorologie, l'histoire de France, la géographie et les préceptes de l'agriculture, composeraient le fonds de cette petite bibliothèque.

FRANÇOIS.

A qui appartiendraient ces livres, à qui les confieriez-vous, et qu'en ferait-on ?

MAITRE PIERRE.

Ils appartiendraient à la commune ; je les confierais à l'instituteur, qui les garderait dans l'armoire de l'école.

La bibliothèque serait, à la fois, sédentaire et portative : la commune astreindrait son instituteur à tenir l'école ouverte, le dimanche, pendant deux heures. Les habitants y seraient reçus, et viendraient s'asseoir aux tables et sur les bancs des enfants qui ont congé ce jour-là ; ils demanderaient à l'instituteur le livre qui leur plairait et qui serait inscrit sur le catalogue affiché, et ils pourraient étudier et parcourir les cartes de géographie attachées aux murailles de l'école. J'ai lieu de croire que ce cabinet de lecture campagnard, où n'entreraient que des vestes de bure et des sabots, serait plus fréquenté que les somptueuses bibliothèques des villes, dont les tables sont nues et les salles désertes.

Le maire, après avoir pris l'avis officieux du conseil municipal, dresserait un règlement d'ordre et de responsabilité que l'instituteur ferait observer.

Les livres seraient gardés et renfermés dans l'armoire de l'école. La séance se tiendrait après la messe. Le silence, à peine de sortie, serait prescrit. Les bancs serviraient de siége, et les tables d'accotements. En hiver, le poêle serait chauffé pendant trois heures.

Dans l'intérêt des bonnes mœurs, l'instituteur ne pourrait donner en lecture que les livres préalablement admis et vérifiés par l'autorité compétente ; dans l'intérêt de la commune, les livres seraient estampillés du sceau de la mairie, pour servir, au besoin, de preuve de propriété ; dans l'intérêt des livres eux-mêmes, ils ne pourraient être déplacés, s'ils étaient enrichis de gravures et figures précieuses, ou s'ils étaient d'un format et d'un prix supérieur, ou si l'exemplaire était unique, ou d'un remplacement difficile.

Au demeurant, si les habitants préféraient lire chez eux, à leur temps perdu, l'instituteur inscrirait sur un registre le titre du livre, le temps du prêt, et le nom de l'emprunteur qui mettrait en marge sa signature.

La surveillance du maire et du conseil municipal, qui sont les pères de la commune et les élus de son choix, garantirait la moralité des livres. Le remplacement des volumes perdus, et l'augmentation sagement progressive de la bibliothèque, seraient dus à l'affectation d'un fonds spécial sur le budget, ou à des souscriptions volontaires, recueillies au nom de la commune et, pour cet objet, par l'instituteur.

FRANÇOIS.

Votre double plan est simple, clair, économique et réalisable à l'instant même, maître Pierre, et si nous ne vivions pas dans un temps d'égoïsme, avant six mois il n'y aurait pas une ville, une bourgade, un village, qui n'eût sa bibliothèque ; pas un maire, pas un conseil municipal, pas un citoyen de quelque fortune, qui ne voulût contribuer à cette pacifique révolution de l'intellectualité populaire.

8

Mais cet établissement, n'en doutez pas, maître Pierre, rencontrera plus d'un obstacle. Les campagnards eux-mêmes résisteront par méfiance, par apathie, par habitude invétérée, au bien qu'on veut leur faire. Les préjugés, vous le savez mieux que moi, maître Pierre, poussent bien avant leurs pivots longs et sinueux ; ce n'est qu'en tirant des deux bras, et après avoir beaucoup sué et perdu haleine, qu'on parvient à les déraciner.

MAITRE PIERRE.

Je le sais, François, il n'y a rien de plus facile que de faire du mal aux hommes ; il n'y a rien de plus difficile que de leur faire du bien, car on a à vaincre l'insouciance des bons et l'activité des méchants ; mais ce n'est pas une raison pour se décourager ; il faut lutter, lutter sans cesse, pied contre pied, main contre main, saisir l'abus à la gorge et l'étouffer. On se laisse trop vite aller, dans ce pays-ci, aux abattements du dégoût, ou aux folles espérances du succès. Faire un peu de bien, en se donnant beaucoup d'efforts et de peine, c'est quelque chose, François, n'en demandons pas davantage !

FRANÇOIS.

Mais ne connaissez-vous pas quelqu'un qui a établi des bibliothèques rurales, et comment s'y est-il pris?

MAITRE PIERRE.

Voici comment : Il a acheté cent cinquante volumes de tout format et de tout genre, qu'il a fait cartonner. Cette bibliothèque comprend nos meilleurs prosateurs et nos meilleurs poètes ; car il ne faut pas croire que les hommes les plus simples soient insensibles aux beautés de l'art plastique et de l'art intellectuel. Pourquoi ne mettrait-on pas sous les yeux des campagnards ce qu'il y a dans notre langue de plus moral, de plus instructif et de mieux écrit? Les meilleurs ouvrages sont toujours les plus clairs, parce qu'il y a une liaison secrète et indivisible entre la beauté de la pensée et la beauté du style.

Cela fait, il a partagé sa bibliothèque de cent cinquante volumes, en autant de sous-bibliothèques qu'il y a de communes dans son canton ; les livres sont gardés par l'instituteur, et la nouvelle en est annoncée au prône par le curé, et à la sortie de l'église par le maire.

Au 1er novembre de chaque année, l'instituteur remet les livres à qui en demande, et tient un registre sur lequel est porté le titre du livre, le nom de l'emprunteur, la date du prêt, et celle de la remise.

Tous les livres doivent être réunis dans ses mains le 1er juillet.

L'année d'après, les livres frappés du timbre de la mairie, passent à la commune B, qui elle-même passe les siens à la commune C, et ainsi de suite, de manière qu'après une durée de dix ans, les cent cinquante volumes aient fait le tour du canton.

De la sorte aussi, l'estomac de chaque commune ne porte de nourriture intellectuelle, que celle qu'il peut porter ; cent cinquante volumes seraient de trop, douze ou quinze suffisent.

J'ajoute que cela ne coûte presque rien ; ainsi mettez que cent cinquante volumes vaillent d'achat 150 francs, ce serait pour dix communes, 15 francs chaque dans cette somme ; mais comme la lecture se répand sur dix années, ce n'est plus que 1 franc 50 centimes.

Faites la même chose pour un canton adjacent, et au bout de dix ans, les deux bibliothèques passant, par échange, d'un canton à l'autre, ce n'est plus même 1 franc 50 centimes, ce n'est plus rien du tout.

FRANÇOIS.

L'essai a-t-il réussi ?

MAITRE PIERRE.

Oui, François, et l'expérience de cette institution, si simple, si commode et si économique, se poursuit et se propage (1).

---

(1)   BIBLIOTHÈQUE RURALE DU CANTON DE N...

Explication.

La bibliothèque rurale se compose de 150 volumes, reliés ou cartonnés, et consistant en livres d'histoire, de littérature, de piété, de morale, de voyages, d'agriculture et de sciences usuelles.

On y a joint aussi 2 volumes de portraits de personnages célèbres.

Cette bibliothèque est divisée en 10 séries, autant qu'il y a de communes dans le canton.

Chaque série comprend de 13 à 17 volumes, et forme une petite bibliothèque partielle qui a son catalogue. Elle est remise aux dix communes rurales du canton, et l'instituteur la tient dans son armoire.

L'instituteur fait timbrer les livres du sceau de la mairie, et les donne en lecture aux habitants de la commune qui les demandent. Il prend note, sur un registre, du titre des livres prêtés et du nom des emprunteurs, et de la date de la sortie et de la rentrée.

Les volumes de portraits ne sont pas emportés à domicile.

Au 1er novembre de chaque année, l'instituteur remet les ouvrages de sa série à la commune qui a la série suivante, et il reçoit d'une autre commune la série de livres dont le catalogue porte le numéro précédent.

Ainsi la commune qui a la bibliothèque n° 2 reçoit la bibliothèque

Ainsi, résumons bien l'œuvre.

La bibliothèque aurait deux offices ; elle serait sédentaire et portative.

n° 5, et remet la sienne à la commune qui a le n° 4. Celle-ci, à son tour, remet la bibliothèque n° 4 à la commune qui avait le n° 10, et ainsi des autres et de suite. De sorte qu'en dix ans, les 150 volumes de la bibliothèque donnée en lecture, auront fait le tour du canton.

Catalogue de la Bibliothèque cantonale.

Bibliothèque n°	1................	14 volumes.
— n°	2................	16
— n°	3................	14
— n°	4................	14
— n°	5................	17
— n°	6................	16
— n°	7................	13
— n°	8................	14
— n°	9................	17
— n°	10...............	15

150 volumes.

CANTON DE ...   *Registre des ouvrages donnés en lecture du*
     —   *1ᵉʳ novembre 184.. au 1ᵉʳ juillet 184..*

COMMUNE DE ...

Nᵒˢ D'ORDRE.	TITRES des LIVRES PRÊTÉS.	NOMS des LECTEURS.	DATES des PRÊTS.	DATES des RENTRÉES	SIGNATURES.
1	Histoire de Napoléon.	Fleury.	1ᵉʳ déc.	10 déc.	Fleury.
2	Géogr. de la France.	Roger.	4 janv.	22 janv.	Roger.
3	La Religion, poëme.	Godeau.	5 fév.	1ᵉʳ mars.	Godeau.
4	Livre d'Agriculture.	Baure.	7 fév.	5 mars.	Baure.
5	Mœurs des Animaux.	Merlin.	5 mars.	25 mars.	Merlin.
.	....	....	....	....	....

Sédentaire pour les lecteurs du dimanche, portative pour les emprunteurs des livres. Le tout, selon la commodité des habitants.

Pour ajouter encore à ce bienfait, je voudrais aussi, François, qu'à la fin de chaque classe d'enfants ou d'adultes, l'instituteur, avant de la congédier, lût à son auditoire campagnard un ou deux chapitres intéressants de quelque traité sur l'histoire, la morale ou les sciences élémentaires ; chaque petit auditeur, en retournant au logis, ruminerait solitairement ce qu'il vient d'entendre, et cela lui donnerait la pressante envie de lire le livre entier, et, par conséquent, d'apprendre à lire le plus vite et le mieux possible.

XVI

LES DEUX CHARITÉS.

FRANÇOIS.

Qu'entendez-vous par la charité?

MAITRE PIERRE.

Il y a deux sortes de charités qu'il faut se garder de confondre et qu'il faut se garder aussi de séparer.

La charité légale voit l'homme dans les masses.

La charité privée voit l'homme dans les individus.

La charité légale est plutôt de l'administration, de la police, de la salubrité publique, et la charité privée plutôt de la bienfaisance.

La charité légale soulage les malheureux; la charité privée les soulage aussi, et de plus, elle les console.

La charité légale ne peut se passer de bâtiments vastes, d'une discipline en grand, et de sommes immenses pour alléger d'immenses misères.

La charité privée se loge où elle peut, se multiplie par elle-même, et n'a besoin que d'avoir du cœur.

La charité légale semble avoir plutôt pour but d'empêcher les hommes de nuire, et la charité privée de les servir.

Aux yeux de l'une, les hommes ne sont que des unités moins corporelles qu'abstraites, qu'elle suppute, qu'elle assemble, qu'elle groupe, qu'elle combine, qu'elle range en ordre de chiffres, comme un livre de dépenses et de recettes. Aux yeux de l'autre, les hommes sont des chrétiens, des frères.

Il y a plutôt de la discipline dans l'une, et plutôt de l'âme dans l'autre.

FRANÇOIS.

Laquelle doit-on préférer de ces deux charités-là ?

MAITRE PIERRE.

Toutes deux ont leurs qualités et leurs défauts; ainsi, la charité légale est quelquefois dure, tyrannique, corrompue ou déréglée dans son action, barbare dans ses effets, ruineuse dans ses moyens. Mais par sa puissance qui est la puissance publique elle-même, elle prévient ou adoucit généralement les catastrophes des misères humaines. Elle apporte aux grands maux, les grands remèdes. Elle est, en quelque sorte, une providence de Dieu. Elle a pour auxiliaires la loi, le gouvernement, la police. Elle aborde résolument les fléaux et les calamités des inondations et de l'incendie, les épidémies, les guerres, les famines. Elle empêche les soulèvements du désespoir et les émeutes révolutionnaires qui en seraient la suite. Elle restitue aux pauvres, par l'impôt, le superflu des riches. Elle met au service de toutes les indigences et de toutes les souffrances, les forces centralisées de la société. Elle sauve les nations.

FRANÇOIS.

Toutefois, ne pensez-vous pas, maître Pierre, que la plupart des institutions et des œuvres de bienfaisance et d'utilité publique, ont aussi leur envers, leur mauvais côté, leur côté d'attaque ?

Ainsi, par exemple, les Colonisations d'outre-mer sont ruineuses par les frais du transport, et incertaines dans leurs résultats. Elles moissonnent les émigrants, si elles sont volontaires, par l'imprévoyance, par l'intempérance, et par les maladies de l'acclimatement. Elles leur enlèvent, si elles sont forcées, les joies de la famille, la patrie, la douce patrie ; elles ont la dureté, les peines, les regrets, les ennuis, les dégoûts, l'arbitraire et l'horreur de la déportation.

Les Ateliers et les maisons de travail ne font que déplacer la pauvreté.

La substitution des Machines aux bras de l'homme augmente la richesse mobilière et industrielle de la société, mais elle cause dans la manualité, de graves perturbations, temporaires du moins.

Les Hôpitaux empêchent les ouvriers des manufactures de prévoir l'avenir, d'économiser pour leurs maladies, pour leur vieillesse ; à ceux qui leur reprochent les ivrogneries du cabaret, ils répondent : « Bah, ça ira jusqu'au bout ! l'hôpital est fait pour tout le monde. »

Les Hospices emprisonnent la liberté individuelle ; ils ôtent au pauvre les plaisirs intimes et les consolations du foyer domestique ; ils le mettent continuellement en présence des infirmités les plus dégoûtantes, de l'agonie et de la mort. Ils dessèchent son cœur.

Les salles d'Asile arrêtent peut-être les élans, les mouvements, les bonnes échappées de tendresse que des amitiés réciproques. des plaintes, des souffrances, des larmes, des baisers et des caresses développent au cœur des enfants et des parents ; elles rompent les chaînes des plus douces habitudes ; elles débarrassent les femmes du peuple des soins continuels et préoccupants de la maternité, et elles excitent à trop de fécondité dans le mariage, et même hors mariage.

Les Reposoirs ont l'inconvénient d'étouffer au cœur des enfants, un reste d'amour, de respect, de saint dévouement pour les infirmités ou la vieillesse de leurs parents.

Les Enfants-trouvés encouragent le libertinage, en permettant aux filles mères de cacher le fruit de leur faiblesse et de s'affranchir des devoirs de la nature.

Les Crèches ont le même inconvénient, et de plus elles empêchent les mères de donner à teter, de bercer, de porter leurs enfants, de remplir les obligations les plus pressantes, les plus naturelles, les plus impérieuses de la maternité.

Les Caisses d'épargne ont trois inconvénients. Elles gênent le trésor dans les temps de crise, pour le remboursement des dépôts. Elles poussent les domestiques à dérober à leurs maîtres, pour placer à la caisse d'épargne, le montant de leurs gages augmenté du montant de leurs larcins. Elles exagèrent quelquefois le sentiment de la thésaurisation, aux dépens du sentiment de la charité.

Les Rosières, prix Monthions et récompenses analogues, ne laissent pas que d'ôter aux bonnes actions un

peu de cette pudeur, de cette discrétion, de cette ignorance de soi-même, qui font presque tout le charme de
la vertu : elles substituent trop, quelquefois, l'appareil
de la récompense au témoignage de la conscience, et
la vanité au dévouement.

Les Écoles du soir détournent sur leur route maints
jeunes gens vers le cabaret, les veillées et lieux de débauche.

L'Aumône nourrit la fainéantise, entretient la crapule,
et se laisse surprendre par les mines hypocrites de l'escroquerie.

Les Fondations pieuses, par donation ou legs, si elles
sont trop abondantes et trop localisées, dépravent les
mœurs et favorisent l'oisiveté.

Les colonies Agricoles, pour les jeunes condamnés,
donnent une prime aux petits méchants sur les petits
bons, et les subviennent d'une éducation morale et religieuse et d'un métier lucratif, que la dure pauvreté de
l'honnête homme laborieux ne peut procurer à ses propres enfants.

MAITRE PIERRE.

Tout cela est vrai, François, mais qu'est-ce que cela
prouve ? C'est qu'il y a, partout et en tout, du bien et
du mal. Or, le sage n'exige le bien absolu qui n'est ici-
bas nulle part, en aucun homme ni en aucune chose. Il
se contente du bien relatif.

On peut corriger l'abus de chaque œuvre, avec de
l'observation, de la fermeté, de la justice, de la patience, du temps, et il suffit, d'ailleurs, que la somme
des avantages l'emporte sur la somme des inconvénients.

Et, c'est ce que Dieu a voulu, et voilà comment il se fait qu'au milieu des périls qui l'assiégent et des ruines qui l'entourent, la société subsiste et se maintient.

Ce miracle est dû à la charité. Elle a tant à faire cette divine charité, sur ceux qui donnent et sur ceux qui reçoivent!

Le propre effet de la richesse est d'enfler le cœur, et en s'enflant il s'endurcit. Le propre effet de la misère est de ramener sans cesse le pauvre sur lui-même. Le riche est orgueilleux et dur, le pauvre est égoïste et ingrat.

Le pauvre ne croit devoir aucune reconnaissance à la charité légale qu'il regarde comme une obligation du gouvernement, comme un effet de sa crainte, comme une mesure de sûreté publique.

Mais la charité particulière n'étant pas d'obligation, il sait gré (quelquefois du moins du fond du cœur, ne l'exprimât-il pas de bouche) à la main qui donne

D'un autre côté, le cœur du riche s'attendrit en donnant. Donner, c'est devenir meilleur. Il ne pouvait venir que de Dieu, ce précepte : « Aimez votre prochain comme vous-même. »

Oui, il y a plus de civilisation dans ce précepte, que dans toutes les merveilles de la pensée, de la philosophie, de la science et de l'industrie.

« Aimez-vous les uns les autres, » a dit encore le céleste maître. L'Évangile déborde de charité, et la religion du Christ, dans son expression la plus vraie, n'est qu'une religion d'amour.

Les femmes qui sont dans cette religion, sont admi-

rables par leur tendresse, par leur désintéressement,
par leur charité.

Non, François, je ne nie pas l'impérieuse nécessité,
je ne nie pas les grands bienfaits de la charité légale ;
mais que puisse toujours, à côté d'elle, vivre et prospé-
rer la charité privée !

Sans doute, la charité privée a des défauts et des
erreurs de direction : quelquefois, elle ne place pas
son bienfait où il le faudrait placer, elle est mal éclairée, elle est surprise ; mais elle est si respectable, même
dans ses préjugés et dans ses illusions ! il n'y a pas de
vraie charité, sans la religion. C'est la religion qui l'inspire, qui l'échauffe et qui la conduit. Tandis que la
charité légale agit au grand jour de la publicité, et que
pour être régulière elle doit agir ainsi, la charité privée
s'insinue plutôt qu'elle n'entre dans la chaumière noire
et étroite du pauvre, tremble de froid avec lui, crie
de sa faim, prend sa main sous la couverture, la remplit d'aumônes, et se retire en se cachant, de peur
qu'on ne la voie : car elle n'a pas besoin que les hommes sachent ce qu'elle fait ; il lui suffit d'être vue par
celui qui voit tout. Il n'y a guère que les hommes vraiment religieux, qui soient charitables. Les autres le sont
par accident, ou par tempérament. Ceux-ci le sont par
devoir et sans cesse ; ils le sont de leur superflu, ils le
sont même quelquefois de leur nécessaire ; et c'est alors
que la charité prend le nom de vertu, car elle a pour
effet de soulager le plus possible celui qui la reçoit, et
de moraliser le plus possible celui qui la donne.

L'amour maternel, l'amour de la patrie, à les bien
prendre, ne sont que de la charité.

La charité légale ne va pas au delà de ce qu'elle prescrit, car elle est une règle ; mais la charité privée, qui est un mouvement, va de tous côtés, cherchant une bonne proie.

La charité légale s'accommode très-bien avec l'aristocratie ; ainsi, tel grand seigneur anglais, lorsqu'il a payé exactement la taxe des pauvres, se confine dans son luxe et se croit quitte envers les malheureux.

La charité privée, au contraire, mêle et unit les cœurs, par le bienfait et par la reconnaissance, et ramène ainsi davantage les hommes à l'égalité de l'homme.

Encore une réflexion, François, qui nous fera rentrer dans notre sujet.

La charité légale est plutôt faite pour les villes et les agglomérations d'hommes, parce qu'elle agit sur des rassemblements d'infirmités et de misères ; mais elle est à peu près nulle dans les campagnes où les pauvres sont isolés, sans pain trop souvent, sans toit pour les abriter, sans vêtements pour les couvrir, sans pansement pour leurs plaies, sans médecin et sans remèdes pour les guérir. C'est là où la charité privée a beaucoup à donner, beaucoup à instruire, beaucoup à prier, beaucoup à consoler, beaucoup à faire.

Donnons donc beaucoup, instruisons beaucoup, prions beaucoup, consolons beaucoup, faisons beaucoup, faisons tout ce que nous pouvons, tout ce que nous devons faire.

XVII

DES ENQUÊTES OUVRIÈRES.

FRANÇOIS.

Vous êtes rêveur, maître Pierre, à quoi songez-vous ?

MAITRE PIERRE.

Je songe à vous.

FRANÇOIS.

Comment, vous songez à nous ?

MAITRE PIERRE.

Oui, François, je réfléchis sur les moyens d'améliorer le sort de la classe ouvrière.

Il ne suffit pas de jeter en avant les grands mots d'organisation du travail, d'organisation de l'industrie; il faut étudier la question dans ses bases, dans la vérité, dans la profondeur de ses éléments. Il serait temps que l'ouvrier que l'on connaît si peu et que l'on ne cherche pas à connaître, que l'on fait parler sans avoir parlé avec lui, souffrir sans avoir vu comment il souffre, se révélât à nous, et dît : Me voilà !

Oui, pour améliorer le sort de l'ouvrier, il faut connaître l'ouvrier ; pour le connaître, il faut l'entendre ; pour l'entendre, il faut ouvrir une enquête.

FRANÇOIS.

Est-ce qu'une pareille entreprise ne serait pas, par ses difficultés, ses détails et son ensemble, au-dessus des forces d'un comité particulier ?

MAITRE PIERRE.

Non pas peut-être ; mais c'est là, j'en conviens, une entreprise ministérielle au premier chef, et c'est le devoir du gouvernement d'y songer.

Il a tout pour bien faire une enquête ouvrière : la puissance, le loisir, l'argent de la dépense, le secours des préfets, des économistes et des académies, les connaissances spéciales des députés, la science des ministres, l'expérience de leurs commis, les tableaux, états et documents généraux des archives, le choix des temps, des lieux et des procédés.

FRANÇOIS.

Comment, dites-le-moi, vous y prendriez-vous pour faire cette opération, si vous étiez gouvernement ?

MAITRE PIERRE.

Je diviserais l'enquête en cinq parties :

La première division comprendrait l'état économique et hygiénique des ouvriers; le prix et la durée des journées, dans les saisons de travail et les mortes-saisons ; le nombre approximatif des ouvriers par états ; les causes de mariage et de célibat, les nourritures et vaccine des enfants, et les chances plus ou moins fréquentes de mortalité dans l'enfance et la vieillesse, les soins de propreté, la vie de famille, etc.

La seconde division comprendrait l'économie domestique, c'est-à-dire, les logements sous le rapport de leur valeur, de leur placement, de leur salubrité, de leur commodité ou de leur isolement; le chauffage et l'éclairage; le prix, l'espèce et la qualité des habillements; le nombre et la valeur moyenne des repas à domicile, au cabaret et hors barrière; les dépenses de nourriture en vin, bière, café, sucre, liqueurs, pain, viande, poisson, gibier, légumes, fruits, huile, beurre, miel, sel et laitage; les différences de consommation par saisons, quartiers, états, âges et sexes; les plaisirs, dégoûts, besoins et accidents de la vie intérieure; les effets, sur le moral et le travail de l'ouvrier, des sociétés philanthropiques, des secours mutuels, des caisses d'épargne, des crèches, des ouvroirs, des asiles, du compagnonnage, des monts-de-piété, des bureaux de bienfaisance, de l'aumône et des hospices.

La troisième division comprendrait l'économie industrielle et financière, dans ses rapports avec le mouvement de la population ouvrière; avec la valeur différente des journées des hommes, des femmes et des enfants, des simples ouvriers, des maîtres et des contre-maîtres, des chefs d'atelier; avec la variabilité plus ou moins grande des gains, selon les matières ouvrées; avec l'influence des machines; avec l'avance, achat et usure des matériaux, instruments et ustensiles du travail; avec les gains, les produits et les déboursés de la fabrication; avec les jours et heures de labeur et de repos; avec les amendes et frais de métier; avec le tarif des salaires, leur dépréciation ou augmentation; avec les prix comparés de la main - d'œuvre et des objets de consommation, à des époques quinquennales.

La quatrième division comprendrait les questions relatives à l'instruction élémentaire et professionnelle de l'ouvrier ; aux habitudes morales des artisans de tout âge, de tout sexe, et de tout métier, sous le rapport de l'éducation domestique, et des affections conjugale, filiale et paternelle ; à l'influence du concubinage, de la promiscuité des ateliers, de la prostitution, de l'abandon et exposition des enfants, de l'enivrement, des bals, jeux, billards, spectacles et fêtes publiques, dépenses de toilette et de luxe ; aux préjugés, sentiments et croyances de la classe ouvrière ; à ses dépenses pour les décès, mariages, naissances, première communion et commémoration des morts, et à l'action de la religion sur sa moralité, sa conduite et son travail.

La cinquième division comprendrait les rapports des ouvriers avec la législation civile, criminelle et de police, au sujet des contrats de mariage, des actes de naissance, des adoptions, testaments et successions, des enfants trouvés, des apprentissages, des livrets, des maisons de placements, des conseils de prud'hommes, des crimes, délits, contraventions, les plus habituels à telle ou telle classe, les récidives et leurs causes, les prisons et leur régime

Enfin, pour mieux faire ressortir, par des comparaisons, la vie de l'homme industriel, je voudrais qu'une statistique interrogatoire recueillît, énumérât et reproduisît, sous toutes leurs faces, avec leurs caractères généraux et leur physionomie locale et accidentelle, les mœurs, les besoins, les dépenses, les méthodes, l'instruction, les facultés, le vivre, les habitudes, les préjugés, le présent et l'avenir de l'homme agricole.

FRANÇOIS.

Qui ferait l'enquête ouvrière ?

MAITRE PIERRE.

Un comité nommé par l'autorité, peu nombreux, mais composé d'hommes ayant la science de la théorie industrielle, l'expérience de la pratique, le zèle de l'investigation et l'amour du peuple, dresserait les questions de l'enquête, inviterait les ouvriers et ouvrières, par classifications d'état, à subir cet interrogatoire industriel, et recevrait leurs réponses verbales : car, d'ordinaire, l'ouvrier ne sait pas ou ne veut pas écrire. Il faut le voir agir, il faut l'entendre parler, il faut recueillir de sa bouche ce qu'il fait, ce qu'il pense, ce qu'il souffre, ce qu'il croit, ce qu'il désire, ce qu'il veut. Ces réponses, données par des hommes simples et consciencieux, seraient soumises, s'il y avait doute, à des descentes de lieux, à des vérifications de commissaires et à des contre-enquêtes. Ainsi, rien ne manquerait à la vérité : la multitude et la diversité des faits, la précision et la concordance des témoignages, la simplicité des interrogatoires, la spontanéité des réponses et les épreuves du contrôle.

FRANÇOIS.

Pourriez-vous me dire, maître Pierre, quels seraient les résultats généraux d'une pareille enquête ?

MAITRE PIERRE.

Des réponses des ouvriers aux questions hygiéniques, les administrateurs et les médecins eux-mêmes

tireraient de précieux documents et de nouveaux motifs pour l'amélioration de la santé publique. Ils sau-
raient mieux encore, quoiqu'ils le sachent déjà bien,
ce qui affecte le plus la santé des artisans, en matière
nutritive ; les procédés les plus abondants et les plus
sûrs à employer pour l'économie du chauffage et de
l'éclairage ; les règlements à faire pour la salubrité des
ateliers ; les mesures d'administration à prendre pour
l'assainissement des quartiers humides, bas, enfoncés,
obscurs ; pour l'effusion des eaux et fontaines ; pour le
déblayement des boues et immondices ; pour la neu-
tralisation des vapeurs méphitiques ; pour la surveillance des approvisionnements de toute espèce, des
vins, liqueurs et alcools ; pour la multiplication, l'exposition et le placement des halles et étaux ; pour la vente
en détail des bois, viande, pain et charbon ; pour l'aé-
rage des pensions et des écoles publiques et privées,
où sont entassés les enfants du peuple ; pour le régime
des salles d'asile où on les reçoit ; pour les ateliers de
travail dans les mortes-saisons, qui produisent le salaire, lequel produit une meilleure nourriture ; pour
l'indication des bureaux provisoires de secours, en cas
d'épidémie et d'urgence.

On lèverait les obstacles que les octrois peuvent apporter soit au bon marché, soit à la prompte distribution des substances alimentaires du peuple. On exerce-
rait une police plus sévère sur les boulangers, bouchers,
fruitiers, marchands de vin et autres vendeurs de liquides
et comestibles, relativement aux poids, mesure, quantité et qualité des choses vendues. On favoriserait, on
répandrait les bonnes instructions de salubrité, par

l'enseignement oral et gratuit de l'hygiène populaire, par les organes de la presse, par l'excitation des chefs d'atelier, par la pratique des médecins et par tous les moyens et exemples que les gouvernements bien intentionnés ont toujours à leur disposition.

Des réponses des ouvriers sur le principe, l'effet et les applications de la législation criminelle et correctionnelle, les jurisconsultes, publicistes, législateurs et administrateurs déduiraient les causes occasionnelles des crimes et délits, et seraient amenés à examiner ce qu'il y aurait de plus sûr dans les moyens préventifs, de plus sage et de plus rationnel dans la gradation des peines, de plus efficace dans leur application, de plus adoucissant, sans cesser d'être afflictif, dans le régime des prisons. On chercherait à concilier les exigences de l'humanité et les recommandations de l'hygiène, avec les sévérités de la justice, l'ordre et la discipline. On trouverait dans les réponses des artisans, de nouvelles raisons de ne point corrompre des hommes plutôt égarés que coupables, par leur mélange et leur cohabitation avec les grands criminels ; de soumettre les prisonniers à des épreuves morales ; de hâter le jugement des affaires, de peur qu'ils ne consomment, dans un long emprisonnement, leurs petites épargnes et les ressources de leurs familles, et que leur détention préventive n'excède pas quelquefois la durée de leur incarcération pénale ; enfin de leur procurer des travaux appropriés à leur état ou à leur aptitude, de manière à ce qu'au sortir de leur peine, ils ne retombent pas dans le crime, par l'effet du besoin et de la misère.

Des réponses des artisans aux questions sur l'économie financière, le gouvernement déduirait les modifications des impôts les plus onéreux à la classe ouvrière; l'établissement, s'il y a lieu, de lois somptuaires; la différente assiette de la contribution personnelle, mobilière, et des portes et fenêtres; les primes et fécondations légales et administratives de l'industrie; l'encouragement des associations commerciales, et des compagnies d'entreprise; l'institution des banques départementales et caisses d'escompte; l'abaissement du taux de l'intérêt par la réduction des dépenses publiques, la conversion des rentes ou leur remboursement, et autres mesures financières.

Des réponses des ouvriers et des ouvrières, sur les questions relatives à l'éducation, à la religion et à la morale, le gouvernement déduirait les causes de l'ignorance des enfants et des adultes, dans telle profession, plutôt que dans telle autre : les encouragements, persuasions et conseils paternels à donner aux parents; les écoles à placer à la portée des artisans; les matières de l'enseignement, livres, instruments et tableaux à disposer pour leur usage; les établissements d'instruction professionnelle à fonder; les salles d'asile à ouvrir dans tel quartier, et pour les enfants de telle classe; les cours oraux à instituer pour recevoir, occuper et moraliser les ouvriers et les ouvrières.

Des réponses des femmes, on déduirait les causes les plus habituelles de leur prostitution et de leur misère, et les moyens les meilleurs d'y remédier, soit par les modifications de la législation économique et civile, soit par l'éducation plus religieuse et plus morale, soit par le perfectionnement de l'industrie, soit par des établissements de refuge et de travail.

De l'examen centralisé et de la comparaison des enquêtes ouvrières de Paris, Strasbourg, Lyon, Nantes, Lille, Amiens, Orléans, Saint-Quentin, Sedan, Mulhouse, Rouen, Saint-Étienne, Marseille, Bordeaux, le statisticien et le législateur déduiraient les effets de l'influence des climats ; de l'abondance et de la diversité des denrées ; de la variété des fabrications ; de la direction et des procédés du commerce ; de la prospérité ou de la décadence des manufactures, usines, exploitations et autres ateliers d'industrie ; des mœurs, des habitudes et des préjugés locaux ; du prix comparé des loyers ; de la proportion des salaires avec le vivre, et de mille contrastes et rapprochements inconnus jusqu'alors et qui répandraient les plus nouvelles et les plus vives lumières sur la science de l'économie politique.

De la combinaison de l'enquête industrielle avec l'enquête agricole, le gouvernement déduirait les causes de la différence des salaires de l'artisan et du laboureur, des oscillations perturbatrices dans la production des campagnes et la consommation des villes, de l'encombrement des populations sur un point, et de leur pénurie sur un autre point ; et il chercherait les moyens de reverser le trop-plein des unes dans les autres, de concilier par la communauté de leur destination, des intérêts qui semblent s'exclure par la contrariété de leurs procédés, et de tenir l'équilibre de l'abondance et du travail entre l'agriculture et l'industrie.

Les moralistes tireraient des croyances des ouvriers sur Dieu, l'âme, l'avenir, les peines, les récompenses, les dogmes, les mystères, l'immortalité, des vagues instincts de leur religiosité, de leurs pratiques et superstitions, des causes et des effets de leur indifférence ou de leur foi, de nouvelles études, plus complètes et plus larges du cœur et de l'esprit humain.

Les artistes, dans les révélations naïves des ouvriers sur le grand, le beau, l'utile dans les arts, surprendraient le secret de leur goût, de leurs penchants, de leurs impressions naturelles et spontanées, et chercheraient sur la toile, le bois, la pierre, le marbre et les métaux, de nouveaux sujets ou effets d'architecture, de peinture, de sculpture, de poses, de modelage et d'ornements.

Les écrivains, qui font de l'ouvrier des portraits de fantaisie, faux et chargés, ridicules et pervers, apprendraient à connaître mieux ses sympathies, ses antipathies, ses préjugés, ses faiblesses, ses goûts, ses ambitions, ses fautes, ses repentirs, les angoisses de sa misère, les pointes du désespoir qui le percent, ou les endurcissements de sa pauvreté ; ce qu'il y a souvent de désintéressement dans les prolétaires, de sensibilité dans l'âme de ces mères indigentes, de fermes caractères dans ces hommes du peuple, de modération dans leurs désirs, d'abnégation et d'héroïsme dans leur amour de la patrie, de dévouement dans leurs amitiés, de bon sens dans leur jugement, de sentiments charitables et fraternels, et de vertus modestes et sublimes cachées dans le fond de tous ces cœurs-là.

En résumé, le gouvernement saurait mieux par une

enquête, quelles sont les parties souffrantes de l'empire, les causes des détresses industrielles, les débouchés qu'il faut ouvrir par de nouvelles ou meilleures routes de terre, d'eau et de fer, par des tarifs de douane, ou par des traités avec les puissances étrangères ; les approvisionnements de bestiaux, vins, bois et houilles qu'il faut diriger de tel côté ; les impulsions à donner à telle branche de commerce ; les règlements locaux à dresser dans tel esprit et dans tel but ; les banques, les caisses d'épargne et autres établissements d'asile et de prévoyance dont il doit exciter la fondation ; les compagnies particulières dont il doit autoriser les entreprises ; les garnisons dont il doit calculer le placement, moins comme moyen de répression et de police, que comme moyen de défense extérieure et de consommation.

FRANÇOIS.

Vous avez bien raison, maître Pierre, de vouloir reprendre l'organisation du travail par ses fondements et, par conséquent, de commencer par une enquête. J'ai toujours entendu agiter ces grandes questions de la production et de la consommation, du travail et des salaires, sans les comprendre, et cependant l'histoire démontre que les révolutions sociales et politiques ne viennent souvent qu'à la suite de mots mal définis et de questions mal posées. Il est bien temps de sortir de l'imaginatif pour entrer dans le positif : les faits, les faits étudiés, comparés, précisés, connus, vulgarisés, voilà ce qui manque à nos lois, à nos discussions de presse, à nos administrateurs, à nos chambres, à nos spéculations morales et philosophiques, à nos sciences de statistique et d'économie !

Trouver les moyens d'hygiène, d'instruction, de finance et d'administration, les plus propres à améliorer la condition des ouvriers, tel est le problème, et l'enquête que je propose est l'un des éléments de la solution.

Au temps où nous vivons, il se fait, à l'insu de tout le monde, des pauvres comme des riches, un sourd travail de modification sociale, qu'il faut méditer avec sagesse et conduire avec mesure, si l'on ne veut pas précipiter les gouvernements et les peuples dans un abîme révolutionnaire, sans rivages et sans fond.

La véritable fin de la politique est le bonheur du peuple.

XVIII

MENDICITÉ DES VILLES.

MAITRE PIERRE.

Quel est donc cet homme que j'aperçois à travers la grille, et qui se pend au cordon de ma sonnette? drelin! drelin! va donc voir, François!

FRANÇOIS.

C'est un vieillard presque aveugle, et qui paraît plus chargé d'années que de pain. Il demande l'aumône. Je lui ai donné un sou.

MAITRE PIERRE.

Drelin! drelin! qui sonne encore cette fois-ci?

FRANÇOIS.

C'est une pauvre femme, qui traîne après elle deux petits enfants déguenillés; un troisième est attaché sur son dos et pleure. Je lui ai donné deux sous.

MAITRE PIERRE.

Drelin! drelin! on sonne encore. C'est impatientant! qu'est-ce donc?

FRANÇOIS.

Ils sont quatre mendiants. Des boucles de cheveux noirs s'échappaient de leur bonnet. Ils courbaient le dos, mais ils se sont redressés dès qu'ils ont cru que je ne les voyais plus. Je leur ai donné quatre sous.

MAITRE PIERRE.

Dis plutôt qu'ils te les ont arrachés, qu'ils t'ont fait plus de peur que de pitié, et que tu as agi par crainte et non par charité !

FRANÇOIS.

Cela est vrai.

MAITRE PIERRE.

Eh bien, nous venons de faire là une charité mal entendue.

FRANÇOIS.

Il y a donc des charités mal entendues ?

MAITRE PIERRE.

Oui, François. Ainsi, donner à un homme valide, c'est encourager l'oisiveté. Car l'homme naturellement n'aime point le travail, et il préfère gagner du pain sans rien faire, plutôt que de faire quelque chose pour gagner du pain. Cela est de tout temps et de tout pays.

Le paupérisme est ce qui offense le plus la morale d'un peuple et les préceptes de l'Évangile.

La mendicité dégrade l'homme, et le travail le relève. La mendicité ressemble à ces mauvaises herbes qui pompent le suc des bonnes plantes. Elle dessèche, épuise et décolore la société.

La mendicité accuse surtout le vice des institutions civiles et politiques.

L'Angleterre, par exemple, est affligée du triple fléau de son oligarchie, de son clergé et de ses manufactures, trois causes incessantes de mendicité.

En effet, l'oligarchie étend ses immenses possessions et ses parcs improductifs sur des terrains de plusieurs lieues de longueur, et va manger sur le continent une partie de ses revenus; ce qui diminue à la fois le nombre des propriétaires et les ressources des localités.

Le clergé anglican, avec l'éternelle substitution de ses biens, ne fait pas plus de nouveaux propriétaires que la noblesse. Les gens d'Église, lorsqu'ils ont le choix des terres, ne prennent jamais les moins bonnes. Le clergé d'Espagne, étant célibataire, avait les pauvres pour enfants; le clergé d'Angleterre, étant marié, a pour enfants sa propre famille : l'un répandait au dehors, l'autre retient; l'un nourrissait les indigents, l'autre se nourrit lui-même. L'onguent d'Espagne, tout mauvais qu'il fût, valait encore mieux pour la plaie de la mendicité; s'il ne guérissait pas, il empêchait du moins de mourir.

L'Angleterre est la grande fabrique de l'univers; des millions de bras s'y meuvent, nuit et jour, dans les ateliers de l'industrie; à chaque jour suffit son œuvre, à chaque besoin son salaire; mais, sous peine de manquer de pain, de viande, de bière, de feu, de vêtements, d'asile, il n'est pas permis à un ouvrier anglais de dormir une heure de plus, de se coucher une heure de moins, qu'il n'est marqué à l'horloge du travail; il ne lui est pas permis d'être malade, de plaider, d'être témoin, d'être électeur, si ce n'est les jours de repos, et son maître est plus exigeant que la nature, plus inexorable que la loi. Si la concurrence des fabriques indigènes ou étrangères ferme le débouché des productions de l'Angleterre sur quelque marché de l'Europe, de l'Asie, de l'Amérique ; si le Bengale, décimé par le choléra , songe plus à se réparer lui-même qu'à soulager la mère-patrie ; si les cent bras de la vapeur ont entassé dans ses magasins, des montagnes de fer de fil et de coton, et s'il y a moins d'achat que de vente; si la roue du travail s'arrête sur son axe immense, ou se ralentit seulement de quelques tours ; alors des multitudes d'ouvriers, hommes, femmes, vieillards, enfants, sont jetés des ateliers fermés ou engourdis, sur la place publique, et de producteurs qu'ils étaient deviennent consommateurs , de travailleurs sans repos, mendiants sans ressource.

Faut-il ajouter que six cent douze pairs d'Angleterre touchent, sur le budget, quatre-vingt-dix-sept millions, qui feraient vivre plus de cent vingt mille familles, et que le clergé d'Angleterre a un revenu de deux cent trente-sept millions, qui suffirait à entretenir notre armée de quatre cent mille hommes, ou à payer les arrérages de notre dette. Qu'on se figure le nombre de pauvres que nous aurions en France si notre clergé, au lieu d'une trentaine de millions, recevait de l'Etat deux cent trente-sept millions, et si la route de Paris à Orléans, qui est de trente lieues, ne longeait que cent cinquante propriétaires fonciers.

Les Espagnols, pour empêcher les prolétaires de mourir eux-mêmes ou de tuer les autres, distribuaient la soupe à la porte des couvents ; les Anglais ont inventé la taxe des pauvres.

Cette taxe, aussi folle qu'impuissante, qui alimente la végétation plutôt que la vie de quatre millions d'hommes, a triplé et quadruplé depuis vingt ans. Aujourd'hui elle est égale, dans plusieurs comtés de l'Angleterre, aux deux tiers du revenu des communes.

A côté de mendiants, sales et puants, qui n'ont point de meubles, d'habits, de linge, de foyer, de terres, d'avenir et même de présent, on voit d'autres mendiants dorés et parfumés, mollement bercés dans le duvet de leurs équipages ; des prélats riches de trois millions de revenus ; des laïques, qui cumulent cinq à six abbayes; des porte-cire qui perçoivent cinquante mille francs de traitement ; des grands seigneurs qui ont un, deux, trois millions de rente, et dont les hôtels, les palais, les fermes, les jardins, les gras herbages, les parcs immenses, couvrent des lieues entières, et qui transmettent perpétuellement à des fils sans force et sans vertu, l'héréditaire possession de tant de luxe et de délicatesses.

L'aristocratie du ruisseau, la menace au poing et l'injure à la bouche, se fait nourrir par l'insolente et peureuse aristrocratie du salon : ainsi les deux extrêmes se touchent, les deux paresses s'entretiennent, et le corps de la société, pressé entre ces deux plaies des pieds et de la tête, s'écrase, suinte et se pourrit.

Oui, François, cette taxe, remède pire que le mal, nécessaire peut-être mais fatal expédient d'une civilisation pervertie, ruine l'agriculture, engendre la fainéantise et la misère, le vol et le brigandage, la débauche et l'incendie, multiplie les cours d'assises, peuple les bagnes, endurcit les riches, dégrade les pauvres, et menace l'Angleterre d'une révolution sociale plus vaste et plus remuante, plus radicale et plus subversive que toutes les révolutions politiques.

FRANÇOIS.

Et la France, maître Pierre, n'est-elle pas aussi dévorée par cette lèpre?

MAITRE PIERRE.

La France a jusqu'ici, soit fortune ou sagesse, échappé aux excès de la mendicité, et en voici quelques raisons : Elle n'a plus d'aristocratie ni de substitutions perpétuelles, ni de gros propriétaires et en grand nombre ; son clergé n'a plus de possessions territoriales ; la féodalité est abolie ; la France, à la différence de l'Angleterre, ne renferme pas dans son sein ces populeuses villes, réceptacles de mendiants, pépinières d'orphelins et de pauvres, refuges d'incurables. La France est plutôt agricole que manufacturière. Le partage des biens communaux, et des grands domaines du clergé et des émigrés, a fait des propriétaires par millions. La population de la France se répand avec uniformité pour les fertiliser, sur toutes les parcelles de sa petite culture. Elle consomme intérieurement à peu près tout ce que ses terres engendrent et tout ce que ses ateliers fabriquent. La reproduction de l'espèce humaine n'y marche pas aussi vite qu'en Angleterre. Ses habitants sont plus pauvres, mais plus tempérants. Ils vivent plus mal, mais avec moins. La rapidité des ventes et des échanges, la sûreté de la justice civile, les dispositions du code sur les successions, et la division favorisée des propriétés, y morcellent les héritages à l'infini. Hommes et choses, inmeubles et capitaux, rangs, fortunes, conditions, tout y descend, s'y abaisse, s'y proportionne et s'y aplatit incessamment sous le niveau de l'égalité. Les révolutions politiques y rencontrent toutes sortes de facilités, les révolutions sociales, peu.

Néanmoins, François, la mendicité, ce fléau des États modernes, commence à peser sur la France, et à en fatiguer les ressorts. On compte, sur trente-cinq millions d'habitants, plus de cinq millions de pauvres et trois millions d'hommes qui vivent au jour le jour. Ce fait menaçant est digne de l'attention du législateur. La population s'accroît tous les vingt ans de deux millions d'âmes à peu près, ou, ce qui revient mieux à notre sujet, de deux millions d'estomacs qui ont faim et qui crient.

Vienne une guerre, un temps d'arrêt dans la fabrique, une disette de grains, où en serions-nous ?

FRANÇOIS.

C'est bien là, maître Pierre, le propre caractère de notre nation : nous embrassons avec transport le présent, sans nous inquiéter de l'avenir. Jouissons, arrive ensuite que pourra ! telle est notre devise. Mais vous m'avez montré le mal, pourriez-vous me dire le remède ?

MAITRE PIERRE.

Ce sujet nous mènerait bien loin, ce n'est pas un traité que nous faisons, François, c'est une conversation, et je m'aperçois qu'elle se prolonge déjà trop.

Je te dirai donc seulement qu'il y a deux espèces de mendicités, la mendicité industrielle et la mendicité agricole.

La question de la mendicité industrielle tient à la question des salaires, de l'éducation ouvrière, des douanes et des octrois ; et c'est, comme tu le vois, une thèse bien complexe que cette thèse. Nous pourrons l'examiner et l'approfondir sous ces quatre rapports une autre fois.

Qu'il me suffise aujourd'hui de te dire, en peu de mots, que jusqu'ici tous les moyens ont échoué contre le paupérisme.

La taxe des pauvres, au lieu de l'éteindre, a jeté des charbons et des flammes sur ce feu-là.

Les dépôts de mendicité sont plutôt des prisons que des asiles ; ils enchaînent la liberté naturelle de l'homme, et contraignent le paupérisme involontaire, tandis qu'ils ne devraient incarcérer que le paupérisme volontaire.

Les hospices ne sont faits que pour les malades et les infirmes.

Les pénalités infligent quelquefois au malheur le châtiment du crime.

Les monts-de-piété secourent moins l'infortune qu'ils ne servent, par la facilité de leur appât, les passions des hommes perdus de jeu, de dettes et de débauches.

L'aumône vulgaire et quasi forcée ravale trop la dignité des bons pauvres, en soulageant leur misère, met la bassesse et la fourberie à la solde de l'orgueil et de la crédulité, et multiplie la pire espèce de mendiants.

Il faut tenter des remèdes plus efficaces, et par exemple :

Les caisses de prévoyance, qui thésaurisent l'épargne du pauvre et qui le rendent plus maître du présent, en le rendant plus soucieux de l'avenir ;

Les écoles professionnelles, qui enseignent un métier productif aux aptitudes variées de l'intelligence laborieuse ;

Les associations d'artisans, en communauté d'outils, de manualité et de profits ;

Les ateliers de secours et de fabrications, organisés par les mairies, avec emploi des hommes et des femmes, avance des matières premières, prêt des instruments ou machines, occupations selon les saisons, les lieux, les sexes et les âges, et remise des bénéfices aux travailleurs, partie des frais prélevée, s'il y a lieu ;

Les desséchements des marais improductifs et pestilentiels ;

Les défrichements des landes, bruyères et vaines pâtures ;

Les établissements, dans les communes, de sœurs dévouées, consacrées aux pauvres, à leur instruction, au soulagement de leurs misères d'âme et de corps ;

L'éducation gratuite qui apprenne aux indigents tout ce qu'il y a de noblesse, de vertu, de moralité, de compensation et de bonheur dans le travail ;

Des asiles dotés par l'État pour les estropiés, les incurables et les cacochymes ;

L'ouverture des routes, chemins et canaux et l'économie des moyens de transport ;

L'encouragement des entreprises industrielles ;

L'abaissement des octrois et des douanes.

Mais, il faut le dire, l'âme de tous ces moyens, plutôt palliatifs que guérisseurs, plutôt transitoires que topiques, et sans quoi je les déclare impuissants et vains, c'est le concours de tous les gens de bien, c'est l'amour des riches pour les pauvres, c'est le besoin sensible et délicat de servir les malheureux, c'est l'ardeur, la persévérance, et les inspirations d'une fraternité véritablement chrétienne, et, pour tout dire, en un mot, c'est la charité !

Voilà pour la question de la mendicité industrielle.

XIX

MENDICITÉ DES CAMPAGNES.

FRANÇOIS.

Et la question de la mendicité agricole, maître Pierre,
comment la résoudrez-vous ?

MAITRE PIERRE.

En partie, François, par de sages règlements sur le
vagabondage.

Ainsi, aujourd'hui les villes rejettent leurs mendiants
sur les campagnes. Isolés ou réunis, ils assiégent les
habitations, servent de guides aux voleurs, et d'exemple aux fainéants. Cet impôt additionnel, levé par la
menace ou par la ruse sur la peur, ne laisse pas, à la
fin, que d'être aussi onéreux qu'il est dégradant et
corrupteur.

FRANÇOIS.

Et comment l'empêcher? Comment distinguer les
bons des mauvais pauvres ?

MAITRE PIERRE.

Il faudrait que chaque commune se chargeât des
siens, pas des autres ; elle dirait aux valides de travailler, non de mendier ; elle pourvoirait aux infirmes, et
si c'était qu'elle fût elle-même trop indigente, le département, puis l'État, viendraient à son secours.

La société ne doit pas aux mendiants les moyens de
ne rien faire ; du pain aux valides qui peuvent et ne
veulent travailler, ce n'est pas là une aumône, mais un
privilége.

Il n'y a de véritable égalité que dans le travail et par
le travail, et, en bonne justice comme en bonne économie, pour consommer, François, il faut produire ; et
cette moralité, je l'applique, moi, aux riches comme
aux pauvres.

Dans un pays libre, les citoyens ne doivent pas souffrir que léurs concitoyens, des hommes comme eux,
des frères, vaguent par les chemins, la besace sur le
dos, et tendent la main à l'aumône : un pays sagement
administré peut avoir des pauvres, mais point de mendiants.

XX

LES SALAIRES A LA CAMPAGNE.

MAITRE PIERRE.

Eh bien, François, tu dois être content; l'année est belle, les celliers regorgent de vins, les arbres ont chargé de fruits, et le boisseau de blé, qui valait cinq francs, est tombé à trois.

FRANÇOIS.

Vous avez raison, l'année est belle, les celliers regorgent de vins, les arbres ont charge de fruits, et le boisseau de blé, qui valait cinq francs, est tombé à trois : et cependant, maître Pierre, je ne suis pas content.

MAITRE PIERRE.

Et pourquoi cela ?

FRANÇOIS.

Parce que l'ouvrage ne va pas.

MAITRE PIERRE.

Tu prétends donc que ce n'est point l'abondance et

le bas prix des denrées qui te font mieux vivre, mais l'assurance et la continuité du travail ?

FRANÇOIS.

Précisément, maître Pierre, et vous m'allez comprendre.

J'ai besoin, chaque jour, pour mes enfants et pour moi, de cinq livres de pain. Or, je suppose que le pain vaille trois sous la livre, et que je trouve à travailler chaque jour, à raison de trente sous : j'achète pour quinze sous mon pain de cinq livres, et il me reste quinze autres sous.

Je suppose maintenant que le pain ne vaille plus qu'un sou et demi, mes cinq livres de pain ne me coûteront plus, à la vérité, que sept sous et demi ; mais, si je ne trouve pas à travailler, et que je sois obligé de rester les bras croisés, non-seulement je n'aurai pas quinze sous à mettre de côté au bout de la journée, mais encore je serai en perte de sept sous et demi qu'il me faudra tirer de ma bourse. Vous voyez donc, maître Pierre, que ce n'est point la surabondance de la denrée qui règle le vivre, mais la continuité du travail.

J'ajoute, maître Pierre, que de même que le défaut de production amène la famine, l'excès de production, dans la constitution actuelle de la propriété et dans les relations actuelles du travail, entendons-nous, gêne quelquefois beaucoup le fermier et le propriétaire. En effet, lorsque le fermier paye en argent, il ne peut vendre sur le marché son blé, qui rencontre trop de concurrence, et lorsque le propriétaire reçoit son fermage en nature, il tire pareillement moins d'écus du blé qu'il vend. Or, c'est avec ces écus qu'il paye mes journées et ses impôts. Ayant moins d'argent, il me demande moins de travail. C'est donc moi qui, en définitive, souffre, par réaction, de cela.

Si le propriétaire attend, pour vendre, la hausse du blé, il fait faire, dans l'intervalle, l'ouvrage nécessaire et forcé, mais il ne fait pas faire l'ouvrage de fantaisie et de luxe ; son revenu est diminué de deux cinquièmes ; cependant le percepteur ne lui demande pas deux cinquièmes d'impôt de moins. Or, avant l'ouvrier, le percepteur ; avant le travail, l'argent.

Autre exemple : le gros propriétaire garde, remue, vanne, épousselte son blé jusqu'à ce qu'un rayon de hausse luise ; mais le petit laboureur achète cher la semence et cède, à vil prix, le peu qu'il a d'excédant sur sa fournée, pour satisfaire le percepteur, payer le charron, le bourrelier, le maréchal, vêtir sa famille, et le reste,

Autre exemple encore : le vin coule à pleins bords du pressoir dans la cuve. Qui achète? le gros vignicole, pour garnir ses celliers à triple étage, et spéculer. Qui vend? le petit vignicole, surchargé d'une stérile abondance, et qui peut à peine solder le prix des futailles livrées à crédit.

Examinez, creusez, tournez et retournez le fond des choses, et vous verrez que le plus lourd du bât social pèse toujours sur le menu peuple.

MAITRE PIERRE.

Ce que tu dis là, François, n'est pas sans vérité, et il n'y a rien à objecter contre un fait ; mais ce fait, il ne faut pas non plus trop le généraliser. On remédie à la plénitude, François, on ne remédie pas à la disette. Ne maudissons point la fécondité des biens de la terre, qui est l'une des bénédictions de la Providence, et le fruit des labeurs et du génie de l'homme. Après tout, l'abondance du blé et du vin, rend la vie meilleure et plus facile à la majorité des habitants. Si quelques travailleurs souffrent de l'excès de la production, ce n'est pas à cause de cet excès même, c'est à cause de sa mauvaise distribution ; ainsi tu viens de dire toi-même, François, qu'aujourd'hui tu te trouvais exposé à manquer de pain ; est-ce parce que la récolte de blé a été abondante ? non, c'est parce que l'argent nécessaire pour acheter ce blé te manque. Or, cet argent te viendrait du travail, et tu n'as pas de travail ; c'est donc le défaut de travail qui est la cause véritable de ta misère, et non l'excès de la production. De même, ce n'est point parce qu'il y a pléthore dans l'industrie, que l'industrie souffre, c'est lorsque les fabrications accumulées dans les magasins n'ont pas d'écoulement. Encore doit-on dire que la nature, plus prévoyante que l'industrie, proportionne mieux, en général, les forces de la production matérielle, aux forces consommatrices de l'homme.

En résumé, le vrai remède à la pléthore de l'agriculture, c'est un meilleur emploi du travail ; et le vrai remède à la pléthore de l'industrie, c'est un meilleur écoulement de la marchandise.

FRANÇOIS.

Que dites-vous, maître Pierre, de la proposition que je vais faire :

Si pour engager les propriétaires à fournir, sans se trop gêner, le même travail, les travailleurs consentaient à une diminution de salaire, proportionnelle à la diminution du pain?

De la sorte, le maître aurait le travail de l'ouvrier, et l'ouvrier le pain du maître; chacun d'eux y gagnerait et il y aurait justice à cela; car l'argent, signe du salaire, représente la denrée, et lorsque la denrée baisse, le signe doit être moindre. Ainsi, l'ouvrier ne demande quinze sous que pour avoir cinq livres de pain : mais si le pain ne vaut plus qu'un sou et demi, le maître qui donne sept sous et demi de salaire donne, en réalité, à l'ouvrier ses cinq livres de pain; les deux termes du vivre restent les mêmes.

MAITRE PIERRE.

Ce calcul est exact, et ta proposition, François, serait équitable; mais l'usage a consacré le prix quasi invariable de la journée; d'ailleurs, il serait juste d'en hausser le taux avec l'élévation de la denrée, et cette élévation est si variable, qu'il faudrait déplacer sans cesse le salaire, et qu'en résultat, le travailleur n'y gagnerait rien. La loi ni l'autorité ne peuvent intervenir dans les contrats du travail, entre des parties également libres; la société actuelle est ainsi constituée, et nous n'y pouvons rien changer ni toi, ni moi; mais, comment se fait-il que tu ne meures pas de faim, ta famille et toi, lorsque ne trouvant pas de travail, tu ne trouves pas de salaire et, par conséquent, de pain?

FRANÇOIS.

C'est que, nous autres ouvriers campagnards, nous ne travaillons pas, toute l'année, pour le compte d'au-

trui ; nous louons une petite maison avec quelques ar-
pents de terre, et, lorsque le travail manque au dehors, nous ne pendons point nos bras à la muraille ;
nous bêchons notre jardin, nous émondons nos arbres,
nous binons nos légumes, notre vigne et nos céréales.
Nous pratiquons aussi, plus que les ouvriers de la ville,
la dure vertu de l'épargne.

MAITRE PIERRE.

Je t'avouerai, François, que la question de travail me
préoccupe cent fois plus que celle de la forme politique
du gouvernement. Car l'amélioration de la condition
du peuple est le but unique et saint vers lequel, nous
autres hommes d'étude, nous tendons d'un long effort,
et la forme politique n'est pour nous que l'une des routes qui conduisent à ce but, et tant s'en faut qu'elle soit
la seule !

Mais il n'y a pas, je crois, de question plus complexe que celle des salaires, ni plus hérissée de doutes et de problèmes.

L'affranchissement des douanes ; les dispositions de
certaines lois civiles sur les héritages, partages et
mobilisations de terre, ventes et échanges ; la réaction
des procédés industriels sur l'agriculture ; les progrès
des lumières ; les applications de la chimie aux substances nutritives, aux matières du vêtement et aux
constructions ; la prévalence, tour à tour victorieuse
et vaincue, du système de l'association sur la concurrence, et de la division des propriétés sur leur agglo-
mération ; l'accroissement indéfini de la population ; les
émigrations et colonisations ; les épidémies, pertes,
famines et guerres ; toutes ces causes réunies, les unes

naturelles, les autres sociales, les unes dépendantes, les autres indépendantes de la volonté de l'homme, peuvent varier, déplacer et modifier, en cent façons, la question des salaires, et il n'y a personne qui soit aujourd'hui en état de dire précisément quelle sera un jour sa solution définitive, ou s'il sera jamais donné au législateur de l'assujettir aux règles d'un juste et parfait équilibre.

Ce sont là les nœuds gordiens de l'avenir, et nous ne devons pas désespérer que quelque main puissante ne parvienne à les dénouer dans l'intérêt des travailleurs, la plus nombreuse et la plus utile portion du genre humain.

En attendant, comme il faut remédier au mal et faire du positif d'actualité, et non de la théorie d'avenir, dis-moi, François, puisque tu es de la classe des travailleurs, par quels moyens penses-tu qu'on pourrait soutenir, avec le plus d'avantages, la proportion entre le vivre et le salaire?

FRANÇOIS.

D'abord, en diminuant les dépenses superflues de l'État ; car diminuer les dépenses, c'est diminuer l'impôt ; si l'impôt pèse sur nos terres à loyer, et il y pèse en effet, c'est nous qui le payons intrinsèquement dans la hausse du loyer, car si ma manœuvrerie, que je loue cent francs, paye au fisc vingt francs d'impôt foncier, il est évident que si elle ne payait que dix francs, je ne la louerais plus que quatre-vingt-dix francs ; d'où il suit que lorsque j'aurais fait soixante journées de travail, à trente sous la journée, mon loyer serait payé, tandis que je suis obligé de faire soixante-six journées et deux tiers ; c'est donc, en réalité, dix francs que le fisc perçoit sur mon salaire, cela est clair.

Si l'administration encourageait les desséchements de marais, les défrichements de terres vagues, et les associations d'entreprises agricoles ; si les communes riches de capitaux ou d'immeubles traçaient de grandes communications vicinales ; si les départements créaient des routes, des ponts, des chaussées ; si le gouvernement organisait des ateliers de travaux publics, on emploierait, par une sage et graduelle distribution de ces travaux, selon les temps et les lieux, une multitude de bras inertes ou ralentis.

Une meilleure éducation, agricole à la fois et professionnelle, ferait pénétrer l'aisance dans nos campagnes, avec de nouveaux moyens de travail. Joindre aux produits de la culture, les bénéfices de l'industrie, tel est le problème, et il ne doit pas être insoluble.

MAITRE PIERRE.

Je pense de même ; mais ne penses-tu pas aussi, François, qu'il serait injuste que les travailleurs campagnards s'en prissent toujours au gouvernement? S'il y a quelquefois de sa faute, il y a aussi bien souvent de la leur. Que de manouvriers restent assis nonchalamment au coin de leur cheminée, pendant les grandes pluies et dans les longues soirées de l'hiver? Pourquoi leurs pieds, leurs mains et leur tête, qui ne manquent ni d'agilité, ni d'adresse, ni d'intelligence, ne seraient-ils pas occupés à produire industriellement?

FRANÇOIS.

Ce que vous dites là est bien vrai, maître Pierre ; avec la matière la plus grossière, avec la plus simple

machine, on tourne, on pétrit, on broie, on taille, on
détire, on assouplit, on prépare, on fabrique. Ne gagnât-
on, par jour et par veillée, que quelques sous, c'en est
assez pour payer l'huile qui éclaire les fileuses, ou le
sarment qui pétille dans le foyer. Il n'y a pas de petit
gain pour les petites gens. Tout travail engendre son
fruit. Toute industrie, si mince qu'elle soit, est profitable ; et si vous en connaissez quelqu'une, maître Pierre,
facile à exercer, portative, peu coûteuse d'achat pour
la matière et l'instrument, et ayant pour ses produits
un débouché sûr, de grâce, enseignez-la-moi : vous
obligerez un honnête homme et sa famille.

MAITRE PIERRE.

Ce désir est louable, François, et il est déjà partagé
par plusieurs manouvriers, et il naîtra bientôt chez
tous les campagnards ; et il se trouvera des industriels
qui appliqueront leurs capitaux à ce vertueux dessein,
et qui vous enseigneront les moyens et l'art d'utiliser,
en fabrications grossières, mais productives, vos bras
et votre temps ; et il se présentera des riches qui ne vous
laisseront pas consumer vos jours dans le désespoir
d'une oisiveté forcée ; et j'ai la conviction qu'un jour
tous les gouvernements de la terre, plus heureusement
inspirés, sentiront s'émouvoir leurs entrailles au nom
du pauvre, qu'ils étudieront cette grave question, et
que, par leur habileté, leur économie, et leur profonde
science des hommes et des choses, ils procureront à
l'indigence laborieuse, des moyens abondants et conti-
nus de subsistance et de travail.

FRANÇOIS.

Ajoutez-y, de bien-être.

XXI

DES CAISSES D'ÉPARGNE.

MAITRE PIERRE.

D'où sors-tu donc, François?

FRANÇOIS.

Moi! je ne sors pas, j'entre chez nous.

MAITRE PIERRE.

Oui, mais avant de rentrer, d'où sortais-tu?

FRANÇOIS.

Puisqu'il faut vous le dire, maître Pierre, je sortais du cabaret.

MAITRE PIERRE.

Et tu ne dis pas que tu y as passé le dimanche et le lundi; ta femme crie et pleure, et les enfants, qui les nourrira?

FRANÇOIS.

Vous avez raison de me gronder, maître Pierre; mais je noie mes soucis dans le vin, et du moins, quand j'ai bu, je ne vois pas l'hôpital qui est au bout de ma peine. Que voulez-vous que deviennent un jour ma femme et mes pauvres enfants? j'aime mieux m'étourdir et m'abrutir que de songer à cet avenir-là, qui n'est pas gai ; d'ailleurs, quand bien même j'aurais économisé, à force de travail, trois pièces de cinq francs au bout du mois, que voulez-vous que j'en fasse ?

MAITRE PIERRE.

Il faut les placer.

FRANÇOIS.

Où? sous mon établi? on me les volerait.

MAITRE PIERRE.

Eh non !

FRANÇOIS.

Chez le banquier? Il ferait faillite.

MAITRE PIERRE.

Eh non !

FRANÇOIS.

Eh bien, où donc ?

MAITRE PIERRE.

A la caisse d'épargne.

FRANÇOIS.

Qu'est-ce donc que la caisse d'épargne?

MAITRE PIERRE.

C'est une caisse où les ouvriers pauvres et laborieux viennent, chaque dimanche, verser le montant des économies de la semaine.

On reçoit depuis un franc jusqu'à trois cents francs. On inscrit le nom du déposant dans un registre, et on lui délivre, sur un livret, le reçu de la somme versée ;

puis, l'on bonifie l'intérêt à quatre pour cent, qui est, à son compte, ajouté au capital.

C'est le trésor public et non un banquier qui encaisse l'argent, et des personnes riches et charitables administrent gratuitement la caisse.

FRANÇOIS.

Et si je voulais ravoir mon argent?

MAITRE PIERRE.

Tu en ferais la demande, et, presque tout de suite, il te serait remis.

FRANÇOIS.

Combien faut-il de temps et, d'argent pour amasser, de la sorte, un petit capital?

MAITRE PIERRE.

Trois sous placés chaque jour produiraient une somme de six mille cinq cents francs au bout de quarante ans : or, ta journée de travail est de trente sous ; si tu en mets de côté trois, il t'en restera encore vingt-sept. Et Henri ton voisin, qui n'est pas marié, et qui n'a que vingt ans, combien gagne-t-il par jour, lui qui est vigoureux et bon ouvrier?

FRANÇOIS.

Henri gagne quarante sous.

MAITRE PIERRE.

Eh bien, dis-lui de mettre de côté dix sous par jour; à l'âge de soixante ans, il aura une rente viagère de deux mille francs, ou un capital de vingt mille francs.

FRANÇOIS.

Mais ce n'est pas possible, maître Pierre, car ce serait là une fortune.

MAITRE PIERRE.

Si, mon ami, cela est possible, et je ne voudrais pas te tromper.

FRANÇOIS.

Alors je veux aussi mettre à la caisse d'épargne, et je ne ferai plus le lundi. Il faut que j'en parle à ma fille, qui est ouvrière.

MAITRE PIERRE.

Bien, François! tu as raison; les femmes sont plus économes que nous; si ta fille gagne un franc par jour et qu'elle soit nourrie, elle peut mettre au moins un franc par semaine à la caisse d'épargne, et se préparer un trousseau de mariée et quelques pièces de ménage; puis, épousée et les enfants venus, elle fera pour sa fille ce qu'elle a fait pour elle-même, et celle-ci rendra à ses enfants les exemples qu'elle aura reçus de sa mère. Les bonnes imitations se transmettent comme les héritages (1).

(1) Il y a encore une quantité énorme de citadins et surtout de campagnards qui ne savent pas ce que c'est qu'une caisse d'épargne, ni son utilité, ni son mécanisme, ni ses services. Puissions-nous, par la publicité de nos ENTRETIENS DU VILLAGE, la leur faire connaître et la leur faire aimer!

Tel ouvrier a été volé de son pécule, amassé à la sueur de son front, qui vient déposer à la caisse, par une précaution tardive, un petit héritage à lui advenu.

Quelquefois, c'est un bienfaiteur qui cache sa main et met à l'abri des dissipations du père, de pauvres enfants, ou prépare le sort d'un orphelin.

En voici un exemple bien touchant. Un ancien militaire et sa femme, chargés de famille, ont élevé une jeune orpheline avec leurs propres enfants. L'âge vint de la marier; mais la dot? La femme alors avoue à son mari que depuis dix ans, en cachette, elle avait amassé, sur ses dé-

FRANÇOIS.

Dites donc, maître Pierre, vous connaissez bien le gros Mathurin?

MAITRE PIERRE.

Qui? ce brave terrassier qui est si économe et si laborieux?

FRANÇOIS.

Eh bien, maître Pierre, je vous dirai à l'oreille qu'il m'a confié avoir amassé une petite somme, cinq cents francs, je crois. Il voulait acheter une maison de mille francs, et il ne sait où mettre son argent; il dit que s'il le cache dans son jardin, au pied d'un arbre, on pourra bien le lui voler, et que s'il le prête, on pourrait bien ne pas le lui rendre. Le pauvre homme est embarrassé et ne dort pas la nuit d'inquiétude et de peur; s'il déposait cet argent-là à la caisse d'épargne? hein!

MAITRE PIERRE.

Il ferait bien, François, par deux raisons: la première, c'est que son argent serait plus en sûreté; la seconde, c'est qu'il lui rapporterait intérêt; ainsi, par exemple, s'il l'y laisse pendant six ans et jusqu'à ce qu'il ait gagné cinq cents autres francs, il aura, au bout de ce temps-là, plus de onze cents francs, au lieu de mille francs, et il ne sera pas obligé d'emprunter pour payer l'enregistrement, le notaire et les frais.

penses personnelles, une somme de 850 fr., dont le livret était destiné à la dot de l'orpheline.

De son côté, le mari, songeant à même chose, avait recueilli une somme pareille, dont 500 fr. avaient été distraits pour subvenir aux frais de maladie et de funérailles d'un vieux compagnon d'armes. Restaient 500 fr. qui furent joints à la dot. Le mari et sa femme étaient pauvres. Quels admirables gens!

FRANÇOIS.

Je le lui dirai, maître Pierre. Savez-vous que, dans les campagnes, il y a beaucoup d'argent enfoui. Les uns le mettent sous la paille de leur lit, les autres entre les tuiles ou les poutres du toit ; ceux-ci dans leur cave ou au pied d'un arbre, et ceux-là derrière quelque mur qui le cache ; puis, si le possesseur de l'argent perd la mémoire par maladie ou vieillesse, ou s'il est frappé de mort subite, les enfants de cet homme riche qui vivait en misérable, ne sachant s'il y a un trésor ni où il est, restent pauvres en réalité.

MAITRE PIERRE.

Ce que tu dis là, François, n'est que trop vrai, et il résulte de ces cachettes de numéraire, deux sortes de pertes : perte pour la société, parce que l'argent, qui vivifie l'agriculture et le commerce, n'a de valeur qu'autant qu'il circule ; perte pour les héritiers, qui sont privés du capital et de l'intérêt que son placement aurait produit.

FRANÇOIS.

Vous connaissez bien, maître Pierre, le vieux Robert, qui n'a pas d'enfants. C'est un homme respecté, celui-là ! et qui fait du bien à toute la commune ; il est parrain, vous savez, de Nicette qui est en service, et du petit Jacques qui travaille chez le forgeron. Si Robert donnait de l'argent à la mère de Nicette et au père de Jacques, il pourrait bien n'arriver jamais, cet argent-là, entre les mains de ces pauvres enfants. Est-ce que s'il le plaçait à la caisse d'épargne?...

MAITRE PIERRE.

S'il le plaçait là, Nicette, à vingt-cinq ans, aurait une

petite dot , et Jacques achèterait la forge du village ; car, vois-tu, François, ce n'est pas tout de vouloir faire du bien, il faut aussi savoir le faire.

FRANÇOIS.

Je profiterai de vos conseils, maître Pierre, pour moi et pour les autres. Ainsi , j'ai ma nièce Angélique qui sert à l'auberge du Lion d'or, et mon neveu Jean qui est garçon laboureur à la ferme des Quatre-Vents. Ce sont là des enfants rangés ! ils sont nourris , logés et blanchis par leurs maîtres , et ils ont de bons gages qu'ils mettent, chacun an, de côté.

MAITRE PIERRE.

Il faut qu'ils continuent, François, à vivre honnête- ment et d'économie, et qu'ils ne se laissent pas leurrer par les fripons de la ville qui flairent l'argent de toutes parts, et qui rôderont autour d'eux. On leur dira : Tirez votre argent du sac, et nous vous en ferons un bon billet, à gros intérêts. Angélique et Jean, comme tous les domestiques, n'ont pas de confiance dans leurs maî- tres et n'aiment pas qu'on sache leurs affaires , ni s'ils ont de l'argent ; ils se laisseraient donc attraper par ces usuriers enjôleurs, qui empocheraient leur argent, ne solderaient pas les intérêts promis et lèveraient le pied, en emportant la somme entière. Si, au contraire, ils vont à la caisse d'épargne, ils garderont leurs éco- nomies , inscrites sur leur livret , avec plus de sûreté que dans le tiroir de leur commode ou dans la caisse du banquier.

Qui économise, s'enrichit ; qui épargne, travaille, et qui travaille, pose des pierres sur le chemin de l'avenir, pour s'y asseoir, quand il sera las.

La fourmi retrouve, l'hiver, les grains de mil et de blé qu'elle a courageusement amassés dans l'été. De même, le bon ouvrier doit prélever quelque argent sur son salaire, lorsque le pain est à bon marché, pour en acheter lorsqu'il est cher.

L'ouvrier laborieux a moins de nécessités et plus d'argent que l'ouvrier dissipateur ; il aime mieux sa famille, parce qu'il s'arrange pour ne pas lui être à charge, lorsqu'il sera impotent et vieux ; et il aime mieux son pays, parce qu'il s'arrange pour que son pays ne s'épuise pas à le nourrir ou à le loger dans ses hôpitaux.

S'il a besoin d'acquitter un terme de son loyer, de se faire faire un habit, de solder une dette, il s'achemine à la caisse d'épargne. Il n'a point recours à des emprunts usuraires ; il ne demande point à l'aumône des secours humiliants ; il ne s'adresse qu'à lui-même ; il tire ses ressources de son propre fonds, de son intelligence, de son labeur. Il sait qu'il est homme, et que le malheur, la maladie et la vieillesse, ces trois inséparables compagnons de l'homme, sont sur ses pas, toujours prêts à l'atteindre ; s'il ne peut les fuir, il peut rendre leurs coups moins subits et moins pesants.

Toutes les vertus naissent de la prévoyance : elle enfante l'économie, l'amour du travail, l'ordre, la sobriété, le respect de soi-même et d'autrui ; elle fait naître le désir de la propriété, et elle développe les facultés de l'intelligence.

Ce n'est pas, François, que l'homme ne doive point se délasser. L'excès du travail use le corps et anticipe la vieillesse ; mais la santé, le repos de l'âme, la moralité des habitudes, ne veulent que des plaisirs courts et tempérés. Point de jours sans travail, point de nuits sans sommeil, c'est là une bonne vie. Les débauches des femmes, de la table, du jeu, des liqueurs, conduisent promptement l'ouvrier à l'enivrement de la crapule, à la langueur de ses forces, au désordre de ses petites affaires, aux disputes du ménage, à l'hôpital, au désespoir et à la mort. Au contraire, plus il est laborieux, simple, rangé, plus il excite les sympathies des riches ; car ils y trouvent aussi leur compte. Il ne manque pas d'ouvrage, et il traite avec les bourgeois, d'égal à égal, leur donnant travail pour salaire. C'est là de la véritable dignité, de celle qui triomphe des mauvais jours et du mauvais sort, et qui convient seule à un homme libre.

FRANÇOIS.

Mais vous ne parlez, maître Pierre, que des ouvriers. D'où vient qu'ils attirent plus particulièrement votre sollicitude ? Est-ce que vous craignez qu'ils ne se pressent pas d'aller à la caisse d'épargne ?

MAITRE PIERRE.

Oui, François, je le craignais d'abord, et je n'avais pas tort de le craindre. Car d'abord ils n'y allaient pas du tout, et aujourd'hui même ils n'y vont pas encore assez. C'est cependant pour eux, c'est dans leur intérêt spécial, que les caisses d'épargne ont été créées.

Les petits marchands, bourgeois et rentiers, ne portent là leur argent que pour sûreté de dépôt, placement temporaire, et spéculation. Les domestiques des deux sexes qui se méfient de leurs maîtres et des banquiers, prennent volontiers le même chemin. On y voit venir aussi les ouvrières qui sont naturellement plus rangées, plus économes, plus prévoyantes que les hommes, qui vivent plus retirées, et qui ont des appétits de toute nature, moins brusques et moins exigeants ; mais les ouvriers se laissent entraîner par leur propre facilité ou par la contagion du mauvais exemple. Le jeu, la table, le cabaret, le billard, les veilles épuisantes, consomment, presque sur l'heure, l'excédant de leur salaire. On mange pour soi, on dépense pour les autres. On aurait honte de garder son argent. On en fait montre, on le jette, on rit de la prévoyance, on nargue l'avenir, on se débraille, on s'avine, on se plonge dans la débauche.

Les pères de famille ne sont guère plus tempérants ni plus retenus que les célibataires, et ils perdent, dans la fatigue des plus grossiers plaisirs, leur vigueur, leur santé, leur intelligence, leurs mœurs, leur repos intérieur, leurs pratiques dégoûtées et les économies amassées aux bons jours.

Mais c'est surtout les ouvriers des ateliers et des manufactures qui sont exposés aux accidents foudroyants de l'imprévoyance ; car si, tout à coup, par concurrence, incendie, refus de capitaux, guerre, encombrement, fausse spéculation ou autre revers, la fabrique engrène ses machines et clôture ses magasins, voilà des familles sur le pavé, sans pain, sans vêtements et sans asile. Plus de travail et plus de salaire. Il faut donc mourir ou mendier ! Les ouvriers de manufacture savent tout cela : aussi ne veulent-ils pas s'engager dans les liens perpétuels du mariage, et ne forment-ils que des unions de hasard. La plupart de ces ouvriers, appliqués, toute la journée, au même rouage de la même mécanique, ont peu d'idées ; ils n'ont pas le temps d'apprendre les notions les plus élémentaires de la morale; ils sont précocement excités aux plaisirs de l'amour, par le mélange des sexes dans les mêmes ateliers ; enfin la crainte vague d'une cessation subite de travail les préoccupe sans cesse : c'est à ces causes réunies qu'il faut attribuer la quantité d'enfants naturels qui abondent dans les pays de fabrique et de commerce. Or, les caisses d'épargne conduisent le concubinage à se légitimer, parce que les ouvriers et ouvrières peuvent mettre en commun leurs fonds de prévoyance, et elles préparent pour les mariages réguliers, en cas de fermeture temporaire de la fabrique, une transition plus honnête et plus facile de l'état de chômage à l'état de réactivité.

Les caisses d'épargne sont donc la providence des classes manufacturières : c'est leur bureau de bienfaisance, leur maison de refuge, l'asile de leur vieillesse.

L'aumône entretient le paupérisme vigoureux et jeune, et la caisse d'épargne ne laisse tendre la main qu'au paupérisme infirme et moribond.

La taxe des pauvres engendre la fainéantise, la misère, l'ignorance, l'orgueil, l'ivrognerie, le pillage, les violences, l'assassinat, l'incendie, la ruine de l'agriculture et de l'État. La caisse d'épargne engendre la tempérance, l'ordre, la richesse, relève le prix des terres, et soulage le trésor.

Les hôpitaux, lorsqu'ils sont trop nombreux trop richement dotés et trop facilement ouverts, donnent des primes à l'imprévoyance et à la paresse, et la caisse d'épargne n'en donne qu'à la prévoyance et à l'économie.

Les tontines, spéculations fiscales, institutions de l'égoïsme riche, favorisent le célibat aux dépens du mariage et l'individu aux dépens de la famille, consomment les intérêts avec le capital, jouent un jeu de probabilités et de hasard, et meurent avec l'actionnaire.

Les caisses d'épargne se mêlent, par le dépôt public de leurs fonds, au mouvement et aux destinées de la fortune du pays, agissent avec la puissance de l'intérêt composé, recueillent les plus petites économies de l'ouvrier, et, ne laissant rien à ses passions, rien à l'éventualité du sort, précisent nettement le positif de son gain, par le positif de son travail.

Ouvrir une des portes de la caisse d'épargne, c'est fermer une des portes des enfants trouvés. Avec les caisses d'épargne, moins de libertinage, moins d'émeutes, moins de police, moins d'hospices; moins de subventions et moins de vols, de délits, de crimes, de suicides; moins d'énervation physique, de dégradation morale et de calamités de toute espèce.

La caisse d'épargne est la mère de l'économie, le trésor des artisans, le pécule du pauvre, le remède de la mendicité, le reproducteur des capitaux et le levier du crédit national.

FRANÇOIS.

Tout cela, maître Pierre, est judicieux, exact, vrai, bien observé, bien senti; mais pour épargner, il faut dépenser moins qu'on ne gagne. Or, le gain de l'ouvrier suffit-il en tout temps, en tout état et en tous lieux, aux besoins de la vie ? Ces besoins satisfaits, lui reste-t-il quelque argent, et que reste-t-il? Voilà la question.

MAITRE PIERRE.

Oui, François, voilà la question, et elle est bien posée :

Voyons à la résoudre.

Ou le gain de l'ouvrier ne suffit pas à ses besoins, ou il y suffit, ou il l'excède.

S'il n'y suffit pas, c'est à la société à y pourvoir, l'ouvrier aidant, par des moyens de travail ou nouveaux, ou plus fructueux, ou plus abondants.

S'il y suffit, c'est à l'ouvrier à dégager, par ses privations, le superflu du nécessaire. La privation volontaire est une vertu, la plus difficile, la plus forte et la plus productive de toutes ; c'est une domination de soi-même, c'est une volonté d'indépendance, c'est un progrès vers le bien et la liberté.

Si le gain excède le besoin, même largement satisfait, l'ouvrier qui n'épargne pas est sans excuse de nécessité, sans prévoyance de la maladie et de la vieillesse, sans tendresse pour sa famille, sans pitié pour lui-même.

Or, chaque ouvrier est dans l'un de ces trois cas : qu'il s'interroge donc, et qu'il se juge!

FRANÇOIS.

C'est là cependant, vous aurez beau dire, maître Pierre, une double objection, généralement faite, que les ouvriers n'ont pas de quoi mettre à la caisse d'é-pargne, et qu'ils n'y mettent pas (1).

____

(1) Il est bon de dire deux choses : la première, c'est que les gros

MAITRE PIERRE.

Je sais bien qu'on a dit et répété que les ouvriers ne gagnant pas de quoi se suffire, n'ont pas d'excédant, et que, n'ayant pas d'excédant, ils ne peuvent pas mettre et ne mettent pas à la caisse d'épargne.

Ceci n'est pas toujours exact, heureusement. Par exemple, deux frères, tous deux célibataires, gagneront chacun 3 francs par jour. L'un prend, le dimanche, le chemin de la caisse où il dépose ses épargnes. L'autre prend, le dimanche et le lundi, le chemin du cabaret où il dissipe le salaire de la semaine. Qu'il ne dise pas ou qu'on ne dise pas pour lui, qu'il y a insuffisance de gain ; qu'on dise plutôt qu'il y a défaut de conduite. Or, les ouvriers qui mangent leur gain d'excédant, au lieu de l'encaisser, se comptent par milliers.

N'importe : les ouvriers de maison, d'auberges, de boutiques, de fermes et de labourage, qui se louent à l'année, à la différence des autres qui se louent à la journée, placent avec empressement, avec sûreté, avec fruit, leurs économies à la caisse d'épargne.

Les ouvrières qui correspondent, par leur état, aux cordonniers, aux tailleurs et autres professions d'hommes, prennent le même chemin.

---

versements se font par les ouvriers ; la seconde, c'est que la très-grande majorité des déposants se tire de la classe ouvrière.

Ainsi à Paris, sur cent mille ouvriers des deux sexes, il y en a quatre-vingt mille qui ont des dépôts à la caisse d'épargne, et sur quatre-vingt mille domestiques, il y en a trente-cinq mille.

Toutefois, comme l'on compte à Paris environ dix mille cordonniers, neuf mille tailleurs, six mille menuisiers, trois mille musiciens et artistes, quatre mille graveurs, etc., il y a encore une belle moisson d'économies à faire sur ce nombre-là.

Enfin, grâce à la solidité du placement, à leur bonne conduite, à leur moralité, à leur sage prévoyance, et à la salutaire contagion des bons exemples, une foule d'ouvriers de fabrique goûtent maintenant l'utilité des caisses d'épargne.

Il est donc vrai de dire que les ouvriers de tous états, lorsqu'ils sont constamment occupés, suffisamment salariés et pas trop chargés de famille, peuvent mettre à la caisse d'épargne ; et, en effet, ils commencent à y mettre davantage, et les registres en font foi.

Les caisses d'épargne sont donc aujourd'hui en pleine voie de fructification.

FRANÇOIS.

J'ai aussi beaucoup entendu disputer, dans ces derniers temps, sur le plus ou moins gros intérêt du capital déposé.

MAITRE PIERRE.

Tirer un gros intérêt de son argent, c'est là ce qui occupe le plus les gens des villes.

Mais pour les gens des campagnes, ce n'est point là la question. Comme ils sont défiants, l'essentiel pour eux est d'abord de mettre leur argent en lieu sûr, et ensuite de le recevoir à volonté. Lorsqu'ils l'amassent et qu'ils le cachent, leur argent ne leur produit rien. Ils sont donc moins touchés de l'élévation de l'intérêt que de la solidité du placement et de la facilité du remboursement.

L'utilité de ces caisses est donc plutôt dans la provocation à l'épargne que dans l'avantage de l'intérêt. La caisse d'épargne, ne fût-elle qu'un lieu de dépôt sûr, sans aucun service d'intérêt, qu'il faudrait l'établir.

Les trois quarts des déposants ne l'envisagent que comme un dépôt et non comme un placement ; et c'est ainsi (qu'on ne le perde pas de vue) que le bienfait de cette institution, pour la société et pour le déposant, est encore plus moral que positif. L'épargne est, avec la religion, le plus grand moralisateur du peuple. C'est de ce point de vue, c'est de haut qu'il faut envisager l'établissement des caisses d'épargne. Le reste n'est que secondaire.

XXII

CAISSES DE PRÉVOYANCE.

FRANÇOIS.

Dans les villes, les corps d'ouvriers forment chacun un petit Etat, en quelque sorte, dans le grand Etat. Tout en eux les prédispose à l'association : même salaire, mêmes ouvrages, mêmes outils et mêmes produits; mêmes relations d'ouvriers à maîtres, mêmes chômages, mêmes loyers, mêmes vêtements, même nourriture, mêmes besoins surtout. Aussi, les sociétés *de prévoyance et de secours mutuels*, tantôt pour maladies et infirmités, tantôt pour morte-saison, tantôt pour vieillesse, s'organisent parmi les artisans de villes, avec la plus grande facilité. Les statuts prévoient tous les cas, règlent tous les débats, et les secours sont distribués avec un ordre une économie, et une intelligence souvent admirable.

Mais ces bienfaisantes institutions n'ont pas encore pénétré dans les campagnes, dont les habitants son plus isolés, plus étrangers les uns aux autres par les distances, les goûts, les habitudes, les préjugés, la fortune, les instruments même du travail, les produits du sol, et sont, d'ailleurs, moins communicatifs et plus défiants, plus soupçonneux.

Pourtant, le sort des campagnards est souvent plus à plaindre que celui des citadins. S'ils sont pauvres et âgés, il ne leur reste plus qu'à mendier un peu de pain et un peu de bois, avec un grabat pour coucher dans quelque coin de grange ou d'écurie. S'ils possèdent un brin de terre, n'ayant plus la force de le bêcher ou labourer, ils se démettent de leur bien entre les mains de leurs enfants et s'en vont, chaque trimestre, se loger tour à tour et se pourvoir de nourriture chez l'un d'eux, mal hébergés quelquefois, et encore plus mal reçus. D'eux aux mendiants pauvres, la différence, allez, n'est pas grande. Triste perspective pour tous, sur la fin de leurs jours !

N'avez-vous jamais, maître Pierre, songé à cela ?

MAITRE PIERRE.

Oh si, François, j'y ai songé, et plus d'une fois. Mais que d'obstacles à vaincre ! quelle répugnance instinctive dans les campagnes, pour toute espèce d'association ! quelle méfiance de son prochain, du gouvernement et de soi-même ! quelle peine à lâcher la moindre pièce d'argent ! quelle insouciance brutale du présent ! quelle imprévoyance absolue de l'avenir !

Toutefois, pourquoi ne ferait-on pas réussir au village, ce qui réussit à la ville ? pourquoi du moins ne le tenterait-on pas ?

Pourquoi, dans la prévoyance d'une vieillesse indigente et désolée, trois ou quatre cents habitants de la campagne (et mille, cela vaudrait encore mieux) ne s'associeraient-ils pas dès l'âge de vingt ans, et ne mettraient-ils pas en commun, au moyen d'une subvention mensuelle, une somme suffisante pour donner 100 fr. à chacun d'eux qui atteindrait l'âge de soixante ans? Avec 100 fr., chaque vieillard de cet âge, sobre comme on l'est aux champs, se mettrait quasi en pension où bon lui semblerait. Ses enfants allégés, pourraient, de surplus, lui fournir quelque toile ou lainage de vêtement, ou quelques fagots, ou du blé, ou des pommes de terre, ou des fruits. Il n'y aurait plus, à la longue, presque de mendiants dans la commune, si ce n'est ceux affligés d'infirmités précoces et incurables.

Les majeurs des deux sexes ne travailleraient pas seulement pour vivre au jour le jour, jusqu'à soixante ans, mais encore pour se reposer après. Le travail, c'est de l'épargne, et l'épargne pour les pauvres, c'est de la prévoyance, et la prévoyance, c'est de la vertu. C'est aussi de la vertu que l'ordre, la paix et l'aisance générale qui régnent parmi les populations laborieuses.

Les statuts d'une telle société seraient bientôt dressés, et en peu de mots. La perception des subventions serait des plus faciles. Le curé serait le trésorier gratuit de l'épargne, et le maire en serait le président. Au bout de l'an, rapport serait fait en séance publique, et devant tous les associés, des admissions et des décès, des prélèvements, des placements et de l'emploi des fonds.

Que le peuple des campagnes lise ceci et qu'il en profite!

Mais nous recommandons surtout cette bonne et charitable entreprise aux gens de bien, riches, et ayant des loisirs, qui voudraient en faire leur affaire, étudier le terrain, lever les obstacles, agir d'aide, d'exemple et de persuasion, et s'y employer avec le zèle et la persévérance que donnent toujours le désir sincère d'être utile aux hommes.

Il y a encore une autre espèce d'association que j'oserai recommander celle-là, non pas aux pauvres, mais aux plus riches, à vingt d'entre eux, par exemple. Ce serait de s'entendre et de donner chacun un fagot par semaine, pendant les rudes mois de l'hiver, pour servir au chauffage des indigents, et d'un pain par semaine aussi, pour faire de la soupe à leurs enfants, ou d'un demi-litre d'huile pour les éclairer, ou de quelques écheveaux de lin ou de chanvre, mis exprès de côté, pour leur tisser quelques chemises. Ces dons passeraient presque inaperçus dans la dépense commune du ménage, et ils seraient pour le pauvre de si grand secours !

XXIII

DES ASSOCIATIONS POSSIBLES DANS LES CAMPAGNES.

MAITRE PIERRE.

L'association et l'individualisme se partagent le monde.

La Providence a mis ces deux instincts dans l'homme.

Tous deux, sagement employés selon le but qu'il y a lieu d'atteindre, concourent au bien particulier et au bien social.

Les familles, par une sorte de penchant invincible, et pour obéir aux desseins secrets de la Providence qui a voulu peupler le monde, de proche en proche, se séparent du tronc commun, s'en détachent comme des grappes, se répandent sur le sol et se casent à part.

Le mari, la femme et les enfants, voilà la famille dans sa perfection ; voilà la communauté naturelle ; une maison qui soit à eux, un champ qui soit à eux, voilà le désir incessant qui les pousse.

La réunion de ces familles isolées compose la société.

Ce qui n'est pas cela peut subsister, mais comme exception, non pas comme règle. Tout grand pays qui, pour sa constitution sociale, ne tiendrait pas compte de l'élément individuel, et qui ne reconnaîtrait pas l'existence de la famille, tomberait dans l'anarchie.

En un mot, il n'y pas de société sans famille.

FRANÇOIS.

Cela est vrai, mais un autre besoin non moins impérieux pour la famille, c'est de vivre; et trop souvent, comment faire pour vivre ?

MAITRE PIERRE.

Il faut savoir unir l'individualité à la communauté, c'est-à-dire, il faut que la famille emprunte et communique ses forces à d'autres familles.

FRANÇOIS.

C'est ainsi, n'est-ce pas, que les soldats s'enrégimentent pour faire une armée, que les maçons se mettent à plusieurs pour bâtir les maisons, que les ouvriers des manufactures se rassemblent pour fabriquer le fil, le coton, la toile, les draps, les fers, les étoffes.

MAITRE-PIERRE.

Précisément, et pourquoi les villageois n'en feraient-il pas autant ? La division extrême des propriétés commence à avoir, en plus d'un endroit, les mêmes inconvénients que leur extrême concentration. Au lieu d'être, comme ci-devant, le serf d'un seigneur, le paysan est le serf de la misère; joug non moins pesant à porter. Comme il n'a plus à secouer ni féodalité, ni dîme, et qu'il n'y a plus autour de lui de terre à partager, il ne lui reste pas même ce qu'il avait jadis, la plainte et l'espérance.

FRANÇOIS.

Ce serait cependant bien le cas de ne perdre aucunes forces, et combien ne s'en perd-il pas dans les campagnes? Mais comment faire?

MAITRE PIERRE.

Cherchons ensemble, François, et constatons d'abord le mal.

Il n'y a dans les campagnes, ni hôpitaux pour les infirmes et les malades, ni médecins gratuits pour les pauvres, ni associations de secours mutuels, ni aumônes productives; en nature quelquefois, en argent point.

L'amour de soi, du pour soi, et du chez soi, y est porté aussi loin qu'il peut aller. Hébété, engourdi par sa propre misère, le paysan voit avec une dure et sombre indifférence la misère d'autrui. Il croit à la fatalité de son sort et de celui des autres. Il n'inventerait rien pour l'améliorer. La pensée même ne lui en vient pas. De tous les sentiments moraux, la bienveillance, ce sentiment délicat, tendre, dévoué, qui sort du cœur, qui se dilate, qui s'épanche sur les autres, sans vilain retour sur soi-même, est celui qui est le plus ignoré dans les campagnes. N'est-ce pas cela, François?

FRANÇOIS.

Oui, maître Pierre, c'est bien cela.

MAITRE PIERRE.

Si c'est bien cela, si c'est un mal, il y faut remédier.

Dans les pays à terres morcelées, le campagnard, moitié manœuvre, moitié propriétaire, ou simplement

locataire et ouvrier de main et de journée, a tout à gagner à l'association.

C'est un fait notoire, que toute petite manœuvrerie,
non pas bêchée mais labourée, est bien moins fumée
et plus mal retournée que les terres des grandes fermes, et, partant, donne moins de produits. Les façons
que font les fermiers gros et menus, soignées et à
temps, pour leurs propres champs, sont de rebut, négligées, et hors de saison pour les manœuvres ; en outre,
très-chères, à cause des éventualités du non-payement
de la part des manœuvres, et du défaut de concurrence
de la part des laboureurs.

À peine souvent si la moisson rend la semence et les
frais, à grand'peine, pas beaucoup du moins au delà.

Le bêchage et le binage des jardins pour chanvre,
pommes de terre, légumes, pois, haricots, dédommage
un peu le manouvrier. Mais s'il vient à tomber sous le
coup d'une fièvre lente ou aiguë, s'il se foule le poi-
gnet, s'il boite, par accident, de la jambe, quelle gêne
subite et quelquefois irréparable pour la petite famille !

Tout manœuvre, hors les jours si nécessaires de repos, ne devrait jamais chômer, de volonté ou de force.

L'association peut faire ici des merveilles.

Pourquoi, en effet, six, huit, dix manœuvres, valides, pères et fils, âgés de dix-huit à soixante ans, ne
passeraient-ils pas convention de s'entendre, dans des
cas déterminés ?

Par exemple, en cas de maladie alitée, ou d'empê-
chement de travail pour accident fortuit et temporaire.

Par exemple, pour le binage d'un demi-hectare, d'un quart d'hectare de jardin, en légumes.

Par exemple, pour le chargement du fumier, pour toute sorte de sarclage, pour la fauchaison des prés, ramassage et bottelage, pour la moisson, le lien, le transport et la rentrée au grenier des céréales, le binage des vignes, la vendange, le foulage des cuves, la culture, l'arrachage et la récolte des pommes de terre.

Par exemple, pour le curage des fossés de chaque héritage ou locature, à tant de toises.

Par exemple, pour la réparation, entretien, bordage et écoulement des eaux d'un chemin qui longerait les dix manœuvreries.

Par exemple, pour le battage des grains de toute nature.

Une heure, après la journée de travail, cela donnerait à dix ouvriers, dix heures d'ouvrage, dix heures bien employées, aujourd'hui dix heures perdues.

Si l'un des associés, tombé malade, a pris à la tâche un travail urgent, les neuf associés, en un seul jour, feront quatre-vingt-dix toises de terrassement, s'il en pouvait seul faire dix, ou en un demi-jour quarante-cinq toises.

Même avec un peu d'effort, et Dieu aidant, il est possible à neuf travailleurs d'abattre la besogne de dix.

Pareillement, les femmes de la campagne s'associeraient entre elles pour la vente du beurre, du laitage, des fromages, des œufs, des légumes, des poulets, oies et canards, au marché du bourg voisin. Tour à tour, deux d'entre elles seraient chargées du port et de la vente, et rendraient compte. Les autres resteraient au logis et gagneraient leurs journées qu'elles perdent en voyages, et usure de chaussures et d'habits, les dépenses de fantaisie en plus.

Il en serait de même pour la garde mutuelle des tout petits enfants, en cas d'absence des mères ou d'indisposition alitée ; ou pour la lessive du linge, le béchis des plantes potagères, la cueillette du lin, du chanvre, des pommes, des noix, du raisin.

Les mères associeraient leurs fils ou leurs filles de même âge et de même force, pour un objet certain et sous la garde et direction de l'une des mères, par exemple, pour la surveillance et conduite des vaches, chèvres, brebis, dindons, canards, oies, ou pour aller à l'herbe, au bois mort, au ramassis des glands, des faînes, des feuilles, etc.

Les associés pourraient aussi faire un fonds commun de matières premières et d'ustensiles d'un certain prix, pour s'occuper industriellement pendant les longues soirées d'hiver, et gagner un petit gain.

Je ne donne ici que des indications :

A quoi, selon les temps, les lieux, les productions, les usages, ne peut pas s'appliquer le génie fécond, souple, varié, entreprenant, productif de l'association?

Ainsi entendue, elle laisse à chaque famille, son habitation à part, sa domesticité murée, son indépendance propre et souveraine, sa religion, ses lares, ses joies intimes, ses caprices, ses naïvetés, ses secrets, sa pudeur. Mais, au lieu de deux bras, elle lui en donne vingt. Au lieu des ressources et de la sécurité d'une seule maison, elle lui procure les ressources et la sécurité de dix maisons. Elle est forte contre la maladie, le chômage, le veuvage, l'injure du temps, la misère, le désespoir, de dix forces au lieu d'une.

Et de plus, quelle moralité dans ces associations! Quel accroissement de bien-être dans le présent! Quelle tranquillité d'àme pour l'avenir! Quelle estime de soi-même et des autres! Quels gages de bienveillance mutuelle, de salutaire et contagieux exemple, de bonne et volontaire discipline, de fidélité aux engagements pris, et de paix intérieure pour la commune!

FRANÇOIS.

J'approuve tout cela, maître Pierre, vos observations sont fondées sur la nature de l'homme, sur des faits bien observés et sur des calculs positifs, et vos propositions seraient d'une exécution facile; mais, avant de pouvoir éclairer l'ignorance méfiante des villageois et de persuader leur égoïsme, il s'écoulera encore un long temps.

MAITRE PIERRE.

Qu'importe? le temps qui est beaucoup pour les individus, êtres passagers et mortels, n'est rien pour les nations qui ne périssent pas. Lorsqu'une idée est utile, elle fait sa percée, et il faut bien, tôt ou tard, qu'elle arrive.

XXIV

DE L'HYGIÈNE RURALE.

FRANÇOIS.

Je me suis souvent demandé comment il se fait que nous soyons, nos enfants et nous, dévorés chaque année, à la fin de l'été, par des fièvres opiniâtres qui n'attaquent pas les travailleurs des villes, placés dans les mêmes conditions d'état, de vêtement et de nourriture que nous autres gens de la campagne, ou à peu près.

MAITRE PIERRE.

Cela tient à l'insalubrité de vos chaumières et à la négligence de votre personne.

D'abord, il faudrait, autant que possible, lorsque vous construisez une maison, tourner vers l'est, qui est la plus saine de toutes les expositions, les chambres où vous habitez, et placer les bâtiments d'exploitation, vacheries, écuries, bergeries, toits à porcs, sur les derrières ou par les côtés.

Les murs intérieurs des logements, des greniers et

des étables, devraient être, tous les ans, blanchis au lait de chaux ; le plancher de la chambre à coucher, un peu exhaussé et carrelé en briques sur un lit battu de mâchefer et de sable ; le plafond le plus élevé possible ; la fenêtre large, ouverte dès le matin et donnant passage à l'air, à la lumière, au soleil ; l'alcôve dégagée, pendant le jour du moins, des rideaux de serge trop épais qui, d'ordinaire, l'obscurcissent et l'enveloppent.

Malheureusement, c'est devant sa maison même et à la distance de quelques pieds, que l'on creuse le trou au fumier, et là viennent se rendre et s'agglomérer, pourrir et fermenter les urines et les excréments des animaux et des hommes, avec les eaux fétides et les débris des légumes, des insectes et de toutes sortes d'herbes et de plantes fangeuses et croupies.

Toutes ces exhalaisons fétides sont chassées et portées par le moindre souffle du vent, à travers la porte et la fenêtre de l'habitation, où elles s'engouffrent, se condensent et sont respirées à pleine poitrine par les hommes, les femmes et les enfants.

Cette cause permanente d'infection produit des fièvres intermittentes, des langueurs d'estomac, des maux chroniques ; et si vous reportez le fumier plus loin et sous un autre vent, vous êtes quelquefois surpris de voir les affections morbifiques disparaître tout à coup avec les causes d'insalubrité qui les engendraient.

On peut aussi attribuer les fièvres des enfants à l'intempérance de leur nourriture, soit qu'ils mangent avec excès, soit qu'ils chargent leur estomac de baies et prunelles coriaces des haies, de fruits verts, de légumes indigestes, soit qu'ils boivent des boissons fermentées, soit qu'ils marchent, pieds nus, sur le carreau humide ou dans la boue.

Quant aux hommes, les travailleurs, tout en sueur, après les rudes travaux de la moisson, s'abreuvent d'eaux froides ou gâtées, à leur main et sans mesure, ou s'étendent, pour dormir, sur la terre fraîche : la transpiration s'arrête, le sang s'échauffe, l'inflammation survient et produit des fièvres aiguës.

Ils éviteraient ces maladies subites, en mêlant à leur boisson des fruits acidulés, ou un peu de vinaigre, en prenant des aliments plus substantiels, en couvrant leur tête, leur estomac et leurs reins, après le travail et pendant le sommeil, de vêtements plus serrés et plus épais.

Il faut également nettoyer les puits, curer les fossés qui entourent les maisons et les jardins, couper les joues des mares et désobstruer les ruisseaux.

La santé des manœuvres est toute leur richesse. Deux bras forts et laborieux valent mieux qu'un arpent de plus. C'est donc à son corps, à sa personne, à sa santé, plus qu'à sa terre, que l'homme des champs doit prendre garde. Or, il veille avec une sorte de tendresse, nuit et jour, sur ses chevaux, ses vaches et ses animaux domestiques ; il tourne et retourne sans cesse son héritage à la bêche, à la pioche, à la charrue. Il émonde ses arbres ; il lie sa vigne ; il bine ses légumes ; il cendre ses prés, et il ne se soigne pas lui-même, lui qui est la main, le pied, l'âme, la vie de sa famille et de sa maison.

FRANÇOIS.

Puissent quelques-uns d'entre nous, si ce n'est tous, maître Pierre, vous lire et profiter de vos salutaires avis !

XXV

DES SOINS A DONNER

EN CAS DE MALADIE ET D'ACCIDENT,

AVANT L'ARRIVÉE DU MÉDECIN.

FRANÇOIS.

Les habitants des villes sont moins malheureux que nous autres gens de la campagne, maître Pierre, lorsqu'ils tombent malades de maladie, ou qu'il leur arrive subitement quelque accident. Les secours sont plus proches, plus intelligents, plus empressés, et le médecin n'est jamais bien loin de là. Mais dans nos villages, dès que l'un de nous devient malade, dès qu'il se blesse, ou par ignorance nous ne faisons rien, et le mal s'empire quelquefois sans guérison possible, ou par une ignorance plus fâcheuse encore, nous faisons des remèdes qui nous sont mauvais et contraires.

Ce qu'il importerait beaucoup que nous sussions, c'est ce que nous devons faire dans les principaux cas de maladie et d'accident, avant l'arrivée du médecin. Rendez-nous, maître Pierre, le service de nous le dire.

MAITRE PIERRE.

Ton désir est louable, François ; mais n'étant pas médecin moi-même, je ne puis qu'analyser dans les termes les plus simples et les plus intelligibles possible les conseils de la médecine populaire, et nous commencerons, si tu veux, par dire sommairement ce qu'il y a lieu de faire, en suivant l'ordre alphabétique des principales maladies.

FRANÇOIS.

Soit, maître Pierre. Ainsi, comment doit-on s'y prendre, en cas d'asphyxie ?

MAITRE PIERRE.

Il y a les *asphyxies* des nouveau-nés, des noyés, des pendus, et puis les asphyxies par la vapeur du charbon, des marnes, fosses d'aisance et puisards, par défaut d'air respirable, par le chaud et par le froid.

Reprenons :

Si le *nouveau-né* ne respire plus et paraît mort, il faut le dégager, lui souffler de l'air par la bouche ou par les narines, le frotter avec une brosse douce ou avec des linges chauds imbibés de vin, ou même le plonger jusqu'aux aisselles, dans un bain d'eau tiède, mélangée de vin.

Si l'enfant est pris de *convulsions*, il faut le mettre dans un bain. Il sera bon aussi de lui appliquer, si l'on en a, deux sangsues derrière les oreilles.

Les *noyés* peuvent être rappelés à la vie, même après un assez long séjour dans l'eau. Il faut bien se garder de les tenir suspendus par les pieds ; on doit tout d'abord couper avec des ciseaux leurs vêtements humides ; les coucher sur le côté droit, dans un lit modérément chaud, la tête un peu élevée ; dégorger, en y passant les doigts, les mucus, vases et herbages dont leur bouche serait remplie ; glisser sous leur nez des allumettes soufrées ; insuffler de l'air dans les poumons, à l'aide d'un canule ; chatouiller les lèvres et l'intérieur des narines, avec une plume ; frictionner le corps avec de la laine chaude trempée dans de l'eau-de-vie, avec des brosses sèches, des briques ou des bouteilles d'eau chaude, des fers à repasser ou des bassinoires ; administrer un lavement d'eau tiède et salée et, de cinq minutes en cinq minutes, donner au noyé revenu à lui une cuillerée d'eau-de-vie, coupée avec deux parties d'eau.

Mêmes secours à peu près pour les *pendus*, en se hâtant de couper la corde et de desserrer le nœud, et vite le médecin !

Pour les asphyxiés par la vapeur du *charbon*, des *cuves de raisins*, des *vins* ou *d'autres liquides en fermentation*, des *marnes* ou par *défaut d'air respirable*, il faut ouvrir les portes et les fenêtres ; exposer les malades au grand air ; les exciter, les frotter avec une forte brosse de crin, ou avec des linges trempés dans l'eau froide et vinaigrée ; insuffler de l'air par les narines ou la bouche, et donner au malade revenu à lui quelques cuillerées de vin chaud sucré.

Il en est de même pour les asphyxiés des *fosses d'aisance, puisards* et *égouts*.

Quant aux asphyxiés par la *chaleur*, il faut les mettre dans un endroit frais, les déshabiller, et leur donner un lavement d'eau salée.

Quant aux asphyxiés par le *froid*, il faut les frotter avec de la neige et avec des linges d'eau glacée, puis dégourdie, puis tiède, et ne les approcher du feu que par degrés ; chatouiller les narines, insuffler de l'air, frictionner avec une brosse sèche ; administrer des lavements d'eau salée.

S'il n'y a qu'un membre de gelé, n'agir par les frictions ou les bains, que sur le membre malade.

On ne saurait continuer les remèdes avec trop de soin et de persévérance, car leur administration a quelquefois rappelé des personnes à la vie, huit à dix heures après l'événement.

Le *croup des enfants*, si subtil et si mortel, veut être traité sur-le-champ par l'application au cou de deux ou quatre sangsues, par des cataplasmes émollients, des boissons délayantes, une diète sévère et des bains de pieds chauds avec de la moutarde.

Les *empoisonnements* ont des causes très-diverses.

Pour l'*arsenic*, il faut administrer plusieurs verres d'eau sucrée, d'eau tiède ou froide, de décoction de gomme ou de racine de guimauve ; puis des cataplasmes de graine de lin, des bains tièdes, et point d'aliments.

Pour le *sublimé corrosif*, le *vert-de-gris*, et les *autres sels de cuivre*, délayer du blanc d'œuf dans de l'eau froide, et à défaut, donner une abondance de lait étendu d'eau, de l'eau sucrée, et même de l'eau simple.

Pour les *acides*, gorger le malade d'eau dans laquelle on aura fait fondre de la graine de lin ou une demi-once de savon par litre.

Pour les *champignons*, provoquer des vomissements avec trois grains d'émétique dans un verre d'eau, en répétant la dose un quart d'heure après, et, à défaut d'émétique et d'ipécacuanha, faire bouillir pendant un quart d'heure une once de tabac dans un litre d'eau, filtrer et donner la liqueur sous forme de lavement.

Après et du reste, les boissons calmantes de gomme, de lin, de guimauve, les linges mouillés, les bains et les sangsues sont recommandés.

L'*ivresse* persistante se traite par les vomitifs, les boissons vinaigrées, les lavements purgatifs, les frictions et l'application au cou de douze sangsues.

Pour les *morsures de vipères et de serpents*, il faut d'abord serrer avec un linge le membre au-dessus de la piqûre ; plonger la partie dans l'eau et l'envelopper d'un bandage mouillé ; si l'on peut cautériser la plaie avec un fer rouge, la pierre infernale ou la pierre à cautère, il le faut faire incontinent. On doit aussi frotter la partie avec de l'huile chaude ou toutes sortes de graisses, et y appliquer des linges trempés de ces substances ; instiller dans la plaie quelques gouttes d'alcali volatil ; faire boire de l'eau de sureau ou de fleurs d'oranger ; provoquer des sueurs.

Les *piqûres d'abeilles,* de *bourdons,* de *guêpes,* de *frelons,* de *cousins,* se guérissent en ôtant l'aiguillon et en lavant la blessure, ensuite en l'imbibant avec de l'eau froide, et mieux encore avec de l'eau salée.

La *rage* exige que les morsures soient à l'instant même, s'il se peut, cautérisées profondément avec un fer rouge.

En cas de *brûlure,* si le feu prend aux vêtements, il faut ne pas courir et l'étouffer sur-le-champ, même en se roulant à terre ; plonger la partie brûlée dans l'eau de chaux, ou l'eau très-froide ou la glace, et l'y laisser plusieurs heures de suite.

En cas d'*hémorragie* de l'artère, il faut agir par compression. Et s'il s'agit d'une *hémorragie nasale*, il faut placer la personne à l'air frais; appliquer des compresses d'eau vinaigrée sur la tête, autour du nez, aux tempes, aux cuisses; au besoin, comprimer la narine par un tampon mouillé de vinaigre pur, et pencher la tête en avant.

Au cas d'*apoplexie*, dégager la tête, le cou, le tronc et les relever doucement. Il faut de l'air frais, des compresses d'eau froide, des vessies pleines de glace pilée, des fomentations chaudes aux jambes, des sangsues au cou et derrière les oreilles, et même pratiquer l'ouverture instantanée de l'une des veines qui rampent sur le dos de la main.

En cas d'*évanouissement*, il faut se conduire à peu près comme pour l'*asphyxie* : frictions, bains, lavements, boissons vinaigrées, air frais.

En cas de *douleurs aiguës* et de violents *maux de tête*, il faut renoncer au vin, aux épices, aux aliments trop nourrissants.

Pour les *corps arrêtés à la gorge.*

On les pousse ou on les retire.

On pousse le pain, les viandes, les gâteaux, les fruits, les légumes. On retire les épingles, les aiguilles, les arêtes, les os pointus, les fragments de verre, les bagues, les boucles, les morceaux de liége, de linge, les noyaux, les os, le bois, le verre, les pierres, les métaux. On se sert des doigts ou de pincettes. Pour pousser les corps engorgés, on emploie les poireaux, une sonde,

une baleine ; on peut faire avaler un gros morceau de
mie ou de croûte de pain ; pousser le corps même qu'il
faudrait retirer, plutôt que de laisser périr le malade ;
provoquer à l'aide de l'irritation d'une plume dans la
gorge, un vomissement ; injecter dans l'œsophage des
boissons émollientes d'eau d'orge, de mauve, de son.

Pour les *plaies*, il faut laisser couler le sang, mettre
sur la plaie une compresse de charpie, et la soutenir par
une bande de toile. Si quelque gros vaisseau est ouvert, il faut assujettir la compresse par un bandage fortement serré. Ensuite, repos total, diète, et, s'il y a
inflammation, saignée.

Pour les *meurtrissures* ou *contusions*, il faut des compresses d'eau salée, ou de vinaigre mélangé avec le
double d'eau.

Pour les *chutes*, s'il y a un épanchement de sang surtout, pas de mouvement ; diète, boissons rafraîchissan-
tes, lavements. Si le mal est à la tête, sangsues derrière
les oreilles ; si c'est un vieillard, petite saignée, boisson
aromatique, diminution d'aliments, exercice doux et
presque continuel.

Pour les *entorses* ou *foulures*, s'il y a une vive douleur, il faut un repos complet, beaucoup de sangsues,
des compresses d'eau vinaigrée, et un bandage sur la
partie malade.

Si le mal est léger, donner un bain d'eau froide, mais
sur-le-champ seulement. Tant qu'il y a la moindre irritation, ne point se servir de la partie malade.

Pour les *ulcères*, il ne faut pas les supprimer tout à
coup par des réactifs, s'ils sont anciens, mais guérir le
vice intérieur qui les produit. On emploie de légers

purgatifs, et l'on sèvre le malade d'aliments salés, de vin, d'épices; peu de viande, de légumes et du petit lait miellé.

Pour les *ulcères* des *jambes*, repos.

Pour les *panaris*, même régime, et tremper le doigt dès le commencement, dans un bain continuel d'eau de guimauve.

Pour les *échardes* ou *corps pointus qui entrent dans la peau*, il faut retirer ces corps, dans le moment, à l'aide même d'une petite incision ; appliquer, si le corps est resté, des cataplasmes de farine de graine de lin, et, s'il y a suppuration, ouvrir l'abcès, dès que cela est possible.

Pour les *rhumes*, boissons d'eau de gomme, du lait chaud le soir, et si le rhume est au cerveau, respirer de la vapeur d'eau chaude aromatisée de fleur de sureau ou d'herbes odorantes ; porter des gilets, des caleçons et bas de laine et des chaussures épaisses.

Le *régime des maladies* est aussi très-important à considérer, avant, pendant et après.

Avant, et s'il y a perte d'appétit, lassitude, mauvaises nuits, pesanteur d'estomac, maux de tête, il faut un exercice doux, point de vin et d'aliments solides, des lavements d'eau tiède, des infusions chaudes de tilleul, et se mettre au lit.

Pendant, et si la fièvre se déclare, ne pas trop échauffer l'air de la chambre, le renouveler, rideaux tirés, soir et matin ; brûler un peu de sucre sur une pelle et arroser le plancher, si l'air est étouffant.

Donner au malade, tous les quarts d'heure, une boisson de chiendent, de réglisse, d'eau de poulet, d'eau gommée, variée, tiède, chaude, froide, et peu à la fois; administrer un lavement, changer les linges et faire le lit.

Après la maladie et pendant la convalescence, ne manger que très-peu à la fois et fréquemment, et que d'une sorte d'aliments dans un repas; mâcher lentement et ne boire que de l'eau rougie.

Je termine, et je n'ai dit que ce qu'il est possible de faire dans les campagnes écartées, avant l'arrivée du médecin qui prescrira les remèdes plus compliqués, et qui pratiquera les saignées et les autres opérations de son art.

Fais attention, François, toi et tes amis, à ce que je vais vous dire.

Un grand nombre des malades périssent dans nos villages, dès le début de la maladie, par l'ingestion malavisée de vin, de saucissons et d'aliments épicés qu'on leur donne pour les soutenir, dit-on, et qui, redoublant l'ardeur de la fièvre, emportent le malade et non moins vite le convalescent. Avec les remèdes simples que je t'indique, on suspend, on tempère le cours violent de la première invasion du mal, et le médecin, en arrivant, trouve les secours préparés, et le malade mieux en état de recevoir ses soins plus éclairés et ses remèdes plus actifs (1).

(1) Consulter un excellent traité d'hygiène de M. de Boismont, médecin.

XXVI

LE MÉDECIN DE VILLAGE.

FRANÇOIS.

Mais ce médecin que vous attendez, quand viendra-
t-il et d'où viendra-t-il ? Sera-t-il appelé par les paysans riches? Pourra-t-il l'être par les pauvres? Et la
distance? et l'argent? Pourtant, le médecin est le premier besoin du pauvre.

MAITRE PIERRE.

Tu dis vrai, François. La santé du pauvre, c'est sa
richesse. Car la santé, c'est la force des bras, et la force
des bras, c'est le gagne-pain du travailleur. Dès qu'il se
met au lit, la misère y entre avec lui : il s'endette, et la
mendicité, avec ses jambes tremblantes et son teint
de fièvre, l'attend à sa porte.

L'homme des champs est sobre. Il a peu de maladies.
Il souffre sans se plaindre, et va jusqu'à ce qu'il tombe.

Si, au contraire, l'une de ses vaches perd l'appétit, il s'inquiète, il veille, il court chercher le médecin et le remède. Mais son enfant, son vieux père gisent sur le grabat, sans qu'il bouge. Ce n'est pas qu'il soit indifférent à leurs maux ou à leur perte. Mais il se persuade que les médecins ne peuvent rien faire pour les enfants ni pour les vieillards, et que la nature seule les sauve ou les emporte.

C'est un préjugé qu'il faut guérir, et qui a, plus d'une fois, décimé les populations rurales. Je ne blâme pas le paysan de soigner sa vache, qui est la nourricière de sa maison. Mais je voudrais qu'il soignât médicalement un peu plus sa famille et sa personne.

Une simple foulure, que des saignées eussent dégorgée, le retient pendant un mois sur son escabeau. Une écorchure dégénère en plaie. Un bras cassé, une jambe démise, qu'on eût sur-le-champ remboîtée, font, d'un homme jeune, droit et fort, un estropié pour toute sa vie, un infirme, un mendiant, un pauvre. Cela est désolant, désolant pour lui tout d'abord, et ensuite pour la commune dont il devient le fardeau, après en avoir été le soutien. L'extirpation d'une tumeur cancéreuse qui n'a point encore dépassé les chairs molles, va gagner, si on ne la fait pas incontinent, les sources mêmes de la vie, et on ne la fait pas. La mère garde au logis son fils dévoré par la fièvre, au lieu de la lui couper, dès le second accès. Elle perd ses journées, et des maladies chroniques, incurables, sont la conséquence dégénérée des maladies aiguës qu'on a négligées dans l'origine. Les notices de l'hygiène la plus vulgaire ne sont pas assez répandues dans les campagnes. L'air, le jour, le soleil ne pénètrent pas assez, je le répète, dans les maisons, dont les fenêtres sont trop étroites, les plafonds trop bas, et les carreaux trop humides. Les toits des animaux ne sont pas assez ventilés, l'aire assez nettoyée, les murs assez blanchis à la chaux. Les fosses à fumier sont trop proches des habitations. On s'y nourrit de fécules mal broyées. On y boit, ou trop d'eau malsaine ou trop de vin et d'esprits fermentés, plus malsains encore. Enfin, on y appelle les médecins trop tard, lorsque le malade est désespéré, et ils arrivent lorsqu'il est mort.

C'est avant qu'il soit désespéré ou mort, qu'il faudrait les faire venir ou les consulter.

FRANÇOIS.

Mais comment donc faire ? L'argent qu'on n'a pas, la distance de la ville, les remèdes à acheter, le temps à perdre ? Comment donc faire ?

MAITRE PIERRE.

Oui, comment donc faire ? Tu as dit le mot, François, et cela n'est pas aisé, en effet. Cependant, il n'y a guère de village qui ne se trouve dans le rayon d'un bourg ou d'une ville, autrement dans le rayon de visite d'un médecin.

Ne vînt-il au village qu'une fois tous les quinze jours, c'est ce qu'il est possible de faire. L'un de mes amis l'avait tenté. Le premier et le troisième dimanche de chaque mois, le médecin venait faire sa station dans la maison d'école. Le maire et le curé avaient fait avertir les habitants par le garde champêtre, qu'ils eussent à se présenter aux jour et heure dits, au coup de midi sonnant : les estropiés sans se déranger beaucoup, les mères avec leurs petits enfants sur les bras, les vieillards avec leurs béquilles, les jambes à plaies, les érésipélateux, les fiévreux, les écloppés, les traînards. Cela n'alla point. Le médecin se morfondait à attendre les consultants. Si bien, qu'étant honnête homme, il pria mon ami de ne plus mettre son argent à le faire venir et à le payer.

FRANÇOIS.

Il faut donc renoncer à cette idée qui avait du bon, et c'est dommage !

MAITRE PIERRE.

Faut-il attribuer le peu de succès de l'œuvre à ce qu'il y avait peu de malades, ou à ce que personne, si pauvre fût-il, n'aime qu'on sache l'espèce de mal qui vous tient ? C'est là, François, ce que j'ignore.

Enfin, après avoir bien tourné et retourné la chose dans ma tête, voici un expédient qui me semble aller plus droit au but.

Une fois par semaine, le jour de marché, le malade muni d'un *bon* du curé, se présenterait à l'un des deux médecins de l'hospice, prévenus d'avance que, si l'un ou l'autre se trouve chez lui, et il est rare qu'ils n'y soient pas ces jours-là, il donnera consultation sur la remise du billet, au porteur dudit.

Pareillement, arrangement serait fait avec la sœur de l'hospice, tenant la pharmacie, pour qu'elle fournisse le remède au prix coûtant, d'après l'ordonnance du médecin.

Or, la visite d'un médecin de ville ou de bourg, à domicile, est d'un très-petit prix, et la fourniture du médicament ne doit pas monter bien haut.

Les éléments de solution du problème sont trouvés :

facilité de se rendre à la ville, le jour du marché ; certitude de rencontrer un médecin ; prix modique de la visite ; prix coûtant du remède ; contrôle des billets sur le carnet du médecin et sur le registre du curé ; payement du tout en fin d'année.

Il y a de quoi tenter, à peu de frais, la charité de quelque habitant un peu plus riche que les riches paysans, et beaucoup plus riche que les pauvres, et cette expérience, je l'ai faite avec bonne réussite. J'espère bien, François, que l'on m'imitera, et comme je ne suis pas très-habile, que l'on fera mieux.

FRANÇOIS.

Pourquoi cette dépense si nécessaire, si essentiellement communale, ne serait-elle pas inscrite au budget de la commune ?

MAITRE PIERRE.

N'espérons pas, François, que les communes sans revenu, et c'est, à vrai dire, le plus grand nombre, consentent à distraire la moindre parcelle de leur impôt, pour fournir leurs malades pauvres de médecin et de pharmacie. Car elles sont prudentes et réservées comme des indigents, et il faut qu'elles aient tourné et retourné cent fois dans leurs mains une innovation, même utile, pour l'adopter.

Mais y a-t-il un seul village où n'habite une personne aisée, quelquefois deux ou plusieurs? C'est à elles, François, à payer cette dépense. Les riches ne se renferment que trop souvent dans un dur égoïsme, et lorsque le mémoire des fournisseurs de leurs plaisirs est acquitté, ils se frottent les mains, et ils disent : Nous ne devons plus rien

Vous vous trompez, riches ! vous devez encore beaucoup. La Providence ne vous a pas établis seuls sur la terre. Elle vous y a mis afin de nourrir, éclairer, défendre, instruire, soulager, guérir vos frères, et vous n'en êtes pas quittes pour jeter au pauvre quelque pièce de monnaie qu'il ramasse, qu'il dissipe et qui ne fructifie point.

La charité sans discernement n'est qu'une mauvaise action, et le bien qu'on fait par orgueil ou respect humain, sans savoir où il tombe ni ce qu'il produit, ressemble au froment qu'on sèmerait, en détournant la tête, sur un rocher aride et nu, qui se dessèche dans la solitude, et qui ne sert pas même de pâture aux petits oiseaux.

XXVII

SECOURS A DONNER AUX VIEILLARDS PAR LES ENFANTS.

MAITRE PIERRE.

L'autre samedi, j'ai été à la ville, et j'y ai vu de bonnes œuvres qui m'ont réjoui.

FRANÇOIS.

Encore des œuvres d'écoles, n'est-ce pas, maître Pierre? j'en suis bien sûr!

MAITRE PIERRE.

Oui, François, et qu'y a-t-il de plus intéressant que de visiter les écoles du pauvre?

FRANÇOIS.

Je ne vous en fais pas un reproche, maître Pierre, bien au contraire! dites-moi donc ce que vous avez appris.

MAITRE PIERRE.

J'ai vu d'abord, François, ce qui n'est pas commun, j'ai vu régner une entente cordiale entre le curé, l'instituteur de l'école mutuelle, et la sœur religieuse de l'école des filles.

Ils se sont réunis tous les trois pour se concerter, et

pour trouver le moyen de développer le mieux au cœur des enfants le sentiment de la charité.

Le curé a d'abord pris la parole : On reproche au pauvre, a-t-il dit, d'être égoïste. Mais cela ne vient-il pas de ce qu'il reçoit toujours sans donner ? Il se renferme étroitement en lui-même ; il est dur, sombre, jaloux de l'aumône d'autrui, prenant tout pour soi, insensible aux souffrances et à la misère du prochain. Eh bien, pourquoi ne corrigerait-on pas les vices de la pauvreté, comme on corrige les vices de la richesse ? Pourquoi ne ferait-on pas goûter à l'indigent le plaisir du bienfait, le plus pur, le plus doux, le plus noble de tous les plaisirs ? Je voudrais que le pauvre s'attendrît, se relevât et s'améliorât de la même manière que le riche, par la charité. Il n'y a pas de pauvre, si pauvre fût-il, qui n'ait quelquefois occasion et moyen de secourir un autre pauvre. Si l'argent lui manque, on peut y suppléer, mieux encore peut-être, par des soins donnés, un remède, une boisson, un morceau de pain, une heure de travail, une veillée de maladie, une assistance quelconque.

Malheureusement, le pauvre ne pratique pas assez le devoir de soulager le pauvre ; il ne le pratique point, moins parce qu'il ne le peut pas, que parce qu'il ne le sait pas ; et il ne le sait pas, parce qu'on ne le lui a pas enseigné dès son enfance. A cette ignorance du bien, à cette dureté de cœur ou de mauvaise habitude, les enfants joignent une répulsion quasi naturelle pour l'âge et les infirmités du vieillard. Or, il faut non-seulement accoutumer les enfants à surmonter cette répugnance instinctive, et à respecter les vieillards, mais il faut en-

core leur apprendre à les secourir. Aimer les vieillards, c'est aimer davantage son père. Pour moi, je
compte choisir le moment le plus beau de la vie, le moment de la première communion, celui où le cœur des
enfants s'ouvre à toutes les émotions tendres et affec-
tueuses, celui où il conçoit, où il sent avec le plus de
joie, de naïveté et de sincérité, tout ce qui est bon,
honnête et vertueux, celui où, chez l'enfant, les
traits de l'homme moral se dessinent et se prononcent
plus fortement, et voici ce que je ferai :

« Mes enfants, dirai-je aux petits garçons et aux petites filles rassemblés autour de moi, vous habillez pour
la première communion vos compagnons les plus pauvres, et c'est là un bon et honorable emploi de votre argent. Mais au moment où vous vous élevez à Dieu, père
de tous les hommes, et où vous lui offrez votre cœur, ne
songerez-vous pas aux pauvres vieillards qui souffrent
de la faim, de la nudité et du froid, dans leurs caves ou
dans leurs mansardes? Secourez-les, car ils pâtissent;
aimez-les, comme vous aimez vos pères. Faites un effort, mes enfants, mettez quelques pièces de monnaie
dans une bourse commune. Donnez ce que chacun de
vous pourra donner. Nous ne vous regarderons pas
faire, et nous ne voulons pas vous demander le secret
de votre charité. Nous réunirons vos offrandes, et de leur
produit, nous achèterons pour les vieillards, du pain,
des chaussures et des vêtements. Vous aurez le plaisir
d'aller, à la nuit tombante, pour mieux cacher votre
bienfait, leur porter vous-mêmes, et leur remettre ces
dons-là, de la main à la main. En voyant leurs infirmités
et leur indigence, vous comprendrez que tout n'est

pas joie et bonheur dans la vie, et que ce n'est pas trop de l'union de tous les cœurs et de l'assistance de tous les âges, pour soulager les maux dont il a plu à la divine Providence, dans ses desseins impénétrables, d'affliger l'humanité. »

Ne croyez-vous pas, mes amis, ajouta le bon curé, qu'il y a quelque chose de touchant et de vénérable à faire soulager la vieillesse par l'enfance? Et qu'en pensez-vous, monsieur l'instituteur?

L'instituteur répondit :

J'approuve d'autant plus cette œuvre, qu'elle remplit une lacune de la charité, et que pouvant être recommencée, chaque année, à l'aide des nouveaux enfants de la première communion, elle peut continuer à toujours. Vous me donnez l'envie de m'y associer, monsieur le curé, et de mon côté, voici ce que je ferai: Nos jeunes garçons reçoivent, à la fin de la semaine, plusieurs sous de leurs parents, pour leurs jeux, friandises et amusements. « Mettez, leur dirai-je, quelque chose dans la tirelire, ce que vous voudrez. Il vaut mieux vous ôter à vous-mêmes, sur vos menus plaisirs, un sou pour le donner à un pauvre, que d'en apporter dix demandés à vos parents. Ne dites pas qu'il vous restera peu de chose. Tant mieux si cela vous coûte, mes enfants, il n'y a pas de vertu sans sacrifice. Ce que vous offrirez sera d'autant plus agréable à Dieu, qui vous voit, et sera reçu avec d'autant plus de reconnaissance par les pauvres vieillards à qui vous le mettrez vous-mêmes dans la main. Les bénédictions des vieillards portent toujours bonheur, mes braves enfants; et quand vous serez vieux à votre tour, vous sentirez ce qu'il y a de doux et de consolant dans le souvenir du bien qu'on a fait. C'est à peu près la seule chose qui reste à l'homme de son passé, et qui vaille pour lui la peine d'avoir vécu. »

Et moi, dit l'institutrice, j'en ferai autant pour les petites filles, et nous secourerons de notre mieux les vieilles femmes.

FRANÇOIS.

Et ces bonnes résolutions, maître Pierre, ne sont-elles restées qu'à l'état de projet ?

MAITRE PIERRE.

Non, François, elles ont été mises en pratique ; elles ont réussi et leur application se poursuit.

XXVIII

DES CONTRAVENTIONS

AUX RÈGLEMENTS DE POLICE RURALE.

FRANÇOIS.

Il faut que vous me rendiez un service, maître Pierre.

MAITRE PIERRE.

Lequel?

FRANÇOIS.

C'est de me dire les principaux cas où je puis tomber en faute, à propos de la police rurale. Nous ne connaissons pas, nous autres gens de travail, manœuvres et artisans, les lois et règlements et les peines attachées à leur inobservation. Où les aurions-nous appris? On nous dit que personne n'est censé ignorer la loi; mais le moyen de ne pas l'ignorer, c'est de l'apprendre. Apprenez-la-moi donc, et c'est là le service que je vous demande et que vous me rendrez, n'est-ce pas?

MAITRE PIERRE.

Je le veux bien, et je te loue de ce bon désir qui tournera à ton profit.

Ne parlons que des principales contraventions aux règlements de la police rurale. Ainsi, il est défendu de conduire les bestiaux ailleurs que dans la partie réservée de l'abreuvoir, d'y laver du linge, d'y jeter des ordures ou immondices, d'y conduire des bestiaux infectés de maladies contagieuses, etc.

De laisser séjourner sur la voie publique, devant les maisons et boutiques, les boues, glaces, neiges ou décombres et platras.

De vendanger avant la déclaration du ban.

De chasser et de pêcher sans permission , en temps prohibé, et avec des filets et engins défendus.

De grapiller dans les vignes de tout enclos rural.

D'enfouir les bestiaux morts, à une profondeur moindre que la profondeur réglementée, et sur un autre terrain que le sien.

De persister à rester dans les cafés et les cabarets après l'heure indue.

D'entretenir des routoirs pour le chanvre ou le lin, près des habitations, et de les faire sécher dans le four.

De ramoner, moins d'une fois par an, les cheminées où l'on fait habituellement du feu.

D'anticiper et de commettre des dégradations et des enlèvements de pierres , terres et gazons, sur les chemins vicinaux. D'y planter des arbres, d'intercepter la circulation par des dépôts ou embarras quelconques. D'ouvrir, le long d'iceux, des fossés sans autorisation, etc., etc.

De laisser errer les chiens sur la voie publique, pendant les grandes chaleurs.

De troubler la sépulture des morts.

De sonner les cloches pendant les orages.

De résister aux ordres de curage et d'échenillage.

D'amonceler, sans permission, des matériaux, de faire des excavations sur la voie publique, et d'y laisser séjourner, pendant la nuit, des charrettes et voitures.

De tirer également, sans permission, pendant les fêtes, des pétards, boîtes et feux d'artifice.

De gâter, gêner et encombrer les fontaines publiques avec des linges, des fils, des herbages, des vases et tonneaux, abreuvage de bestiaux, ordures et immondices.

De glaner, râteler ou grapiller dans les champs, près des vignes, avant l'entier enlèvement des récoltes, ni avant le lever ni après le coucher du soleil, sans permission du maire.

D'entrer dans les granges, écuries, greniers à foins, avec des pipes, des cigares et du feu, ou avec des lumières qui ne seraient pas renfermées dans des lanternes bien closes; de resserrer des pailles, foins et fagots, dans des lieux par où passent les tuyaux de cheminées, et par des forges, fours et fourneaux.

D'allumer du feu dans les champs, plus près que de cent mètres des maisons, bois taillis, bois en corde, meules ou tout autre dépôt de matières combustibles.

De se livrer au parcours, en dehors de la mesure et contenance de terrain fixée par le maire.

De jeter dans les rues et places rien qui puisse infecter l'air, non plus que des verres cassés ou autres objets qui pourraient blesser les hommes ou les animaux.

De refuser secours de sa personne ou de ses ustensiles et instruments, en cas d'incendie ou d'inondation, et sur l'appel de l'autorité fait au son de la cloche ou au-trement.

FRANÇOIS.

Je vous remercie, maître Pierre, de ces avertisse-ments ; et vous voyez bien que vous m'avez rendu ser-vice, puisqu'en les observant, j'éviterai l'amende, et peut-être la prison.

XXIX

LA SONNERIE DES CLOCHES.

MAITRE PIERRE.

Où cours-tu, François, de cette vitesse?

FRANÇOIS.

Ne m'arrêtez pas, je cours au clocher pour sonner les cloches; est-ce que vous ne voyez pas que l'orage arrive, arrive, et va fondre sur nous?

Or, nous le chasserons en branlant les cloches, lorsqu'il passera sur nos têtes, et il s'en ira tomber chez nos voisins.

MAITRE PIERRE.

Tu vas faire là, François, une mauvaise action. Pourquoi vouloir détourner les fléaux du ciel sur autrui? D'ailleurs, tu attires plutôt et plus inévitablement sur notre village, le tonnerre et la grêle.

FRANÇOIS.

Comment?

MAITRE PIERRE.

Parce que le nuage, ébranlé par le tintement des cloches, peut crever sur toi, et t'étouffer avec le soufre et le feu qui s'échappent de ses flancs !

FRANÇOIS.

Le curé et le maire nous ont déjà conté cela.

Mais nous ferons comme ont fait nos pères, et nous briserions tous en masse les portes de l'église, si le bedeau refusait de nous donner les clefs du clocher.

MAITRE PIERRE.

Les coutumes de nos pères sont sans doute respectables, mais c'est à condition qu'elles seront sages. Celle-ci ne l'est pas. Le curé et le maire ont raison, et, en vous opposant à leurs représentations, vous violez les règlements administratifs que tous les citoyens sont tenus d'observer, et vous devenez les premières victimes de votre désobéissance, de votre ignorance, et de votre opiniâtreté.

Mais voyons : combien de fois notre commune a-t-elle été grêlée depuis dix ans ?

FRANÇOIS.

Quatre fois.

MAITRE PIERRE.

N'avez-vous pas, ces quatre fois, mis en branle la cloche à tour de bras, et à grande volée, pendant le passage de la nuée ?

Ne te le rappelles-tu pas? Je ne m'en souviens que trop, moi, dont la vigne a perdu ses feuilles et ses raisins, et dont l'orge, haché menu, jonchait la terre.

FRANÇOIS.

Et mes blés, qui étaient si beaux à la Saint-Jean dernière : maudite foudre ! elle les a tous coupés en vert, si bien que je n'ai pu même en faire de la litière.

MAITRE PIERRE.

Sans toutes vos sonneries, qui du bout de l'horizon attiraient le fluide électrique, peut-être que la nuée aurait passé par-dessus nos têtes ; je dis peut-être, François, mais c'était toujours une chance à courir.

FRANÇOIS.

On ne m'y prendra plus, maître Pierre, et je vais en parler à mes compagnons.

MAITRE PIERRE.

Dis-leur pareillement qu'il est dangereux d'ouvrir ses fenêtres lorsque le tonnerre gronde, de se retirer alors sous l'auvent du clocher, de s'abriter, en rase campagne, sous les hauts chênes, sous les ormes, sous les noyers, et généralement sous toute espèce de grands arbres, et même de se sauver, à bride abattue, sur un cheval, ou de précipiter violemment les roues de sa voiture, ou de courir au-dessous des éclairs et du tonnerre ; en un mot, d'appeler sur soi, par trop d'agitation, la colonne d'électricité qui est en suspens dans l'air orageux.

FRANÇOIS.

Je vous comprends, maître Pierre, et je n'y ferai faute.

XXX

DES MORTS ACCIDENTELLES.

FRANÇOIS.

Venez, maître Pierre, venez vite!

MAITRE PIERRE.

Eh bien, quoi! qu'y a-t-il?

FRANÇOIS.

Il y a que Nicolas, que vous connaissez bien, a été trouvé ce matin accroché et pendu par le cou, à l'orme du Carouge-Saint-Hylaire.

Il remuait encore des yeux et du bout des doigts.

MAITRE PIERRE.

A-t-on tout de suite coupé la corde?

FRANÇOIS.

Oh que non, maître Pierre, ils étaient tous à l'entour de lui, tant hommes que femmes et enfants, et ils n'o-saient pas s'en approcher, de peur...

MAITRE PIERRE.

De peur de quoi?

FRANÇOIS.

De peur, voyez-vous, maître Pierre, d'abord de toucher à un mort, et ensuite, qu'on ne les accusât d'être les auteurs de son fait. Ils se contentaient d'ouvrir les yeux et de regarder comme des hébétés.

MAITRE PIERRE.

Mais si l'un de vous eût tant seulement coupé la corde, l'homme qui respirait encore vivrait.

FRANÇOIS.

C'est vrai, mais personne n'a bougé; et quand Nicolas a été tout à fait mort, et qu'on en a été bien sûr, le maire, averti, est arrivé, et il n'a pas voulu procéder à la levée du cadavre, après qu'on l'eut dépendu; car notre maire est un brave laboureur qui ignore un peu les lois; et, le cas étant nouveau, il ne savait trop comment s'y prendre, et il m'a envoyé devers vous, et me voilà!

MAITRE PIERRE.

Dis au maire d'aller quérir le médecin et, lui présent, de faire constater les causes, accidents et circonstances de la mort, après examen du cadavre; de dresser procès-verbal, auquel sera joint le rapport du médecin; d'adresser le tout au procureur du roi, et si le rapport établit qu'il n'y a eu qu'un accident ou un suicide, de faire remettre le cadavre à la famille du défunt, pour qu'elle ait soin de son inhumation.

FRANÇOIS.

Pendant que vous allez coucher sur le papier, pour monsieur le maire, ce que vous venez de me dire, relativement à la levée du cadavre de ce pauvre Nicolas, il faut que je vous conte encore un autre événement, et quasi de la même espèce.

L'an dernier, le jardinier Gros-Louis et son neveu s'étaient réfugiés, pendant l'orage, sous un platane où la foudre les renversa. Quand on les eut trouvés, Gros-Louis était frappé à la tête et mort, bien mort; mais son neveu respirait tout de même; il était comme étouffé, la tête en bas du talus et l'on voyait que son cœur battait un peu. Mais pour rien au monde, nous qui étions accourus là, nous n'aurions osé relever sa bouche collée au sable. D'ailleurs, nous ne savions absolument comment nous y prendre, ni que faire.

Enfin, vous n'ignorez pas, maître Pierre, qu'il y a des cas plus fréquents que ceux de suicide par strangulation ou d'apoplexie par la foudre. Ce sont les cas de submersion par accident surtout, et particulièrement dans les communes qui sont, comme la nôtre, situées sur les bords d'une rivière profonde et rapide, ou dont les puits sont creux et à fleur de terre, ou qui sont couvertes de flaques d'eau, de mares et d'étangs. Que faut-il donc faire pour rappeler à la vie les personnes foudroyées ou noyées?

MAITRE PIERRE.

Il est tard, je te le dirai à notre premier entretien. Mais, va porter au maire la réponse qu'il me demande.

A demain.

XXXI

DES PRÉJUGÉS POPULAIRES.

MAITRE PIERRE.

Qui donc est-ce qui carillonnait si fort, cette nuit, à la porte du curé?

FRANÇOIS.

C'était moi, maître Pierre.

MAITRE PIERRE.

Comment! c'était toi! Et pourquoi faisais-tu tout ce bruit?

FRANÇOIS.

Je venais chercher monsieur le curé, à l'effet qu'il nous dît un brin de prière pour aider notre vache à mettre bas.

MAITRE PIERRE.

Et que t'a dit le curé?

FRANÇOIS.

Il m'a dit comme ça : Pourquoi me dérangez-vous? Allez-vous-en, c'est inutile.

MAITRE PIERRE.

Et j'espère bien que tu n'as pas insisté.

FRANÇOIS.

'Moi! je m'en suis retourné chez nous, et déjà notre vache avait mis bas. Oh! que je le savais bien, puisque le curé m'avait dit : Allez-vous-en, c'est inutile.

MAITRE PIERRE.

Comment! tu ne vois pas qu'il se gaussait de toi?

FRANÇOIS.

Non pas, non pas! c'est qu'il y voit de loin, monsieur le curé, maître Pierre.

MAITRE PIERRE.

Que voit-il?

FRANÇOIS.

Eh bien! par exemple, à la Saint-Rémy, je l'ai prié de lever un sort que Jérôme avait jeté sur mes moutons. Va-t'en, imbécile, m'a-t-il répondu, est-ce que tu te moques de moi? Ah! que je n'en ai pas demandé davantage; j'ai été bien vite à la maison, et depuis ce moment-là, je n'ai pas perdu un seul mouton.

C'est qu'il sait bien ce qu'il fait, le curé, avec ses prières! Va-t'en, imbécile; tu te moques de moi! Cela suffit, voyez-vous, et l'on n'entend plus parler de rien. D'ailleurs, il peut tout.

MAITRE PIERRE.

Quoi donc, il peut tout!

FRANÇOIS.

Dame! sans doute. Vendredi dernier, je l'ai bien vu qui était monté dans un gros nuage noir, et qui chassait la grêle, avec ses deux bras, sur les terres de la commune voisine, sur Vieux-Champs.

MAITRE PIERRE.

Tu as pris pour le curé, dans ta peur de l'orage, une forme de nuée qui ressemblait à un homme.

FRANÇOIS.

Pouvez-vous dire cela, maître Pierre? quand je vous réponds que je l'ai vu, notre curé, tout là-haut, monté dans son nuage, comme je vous vois !

Et le sorcier Jérôme, mon voisin, dont j'ai tant frayeur ! vous n'y croyez peut-être pas non plus, maître Pierre, à Jérôme, à ce maudit sorcier-là ! C'est qu'il en a aussi, du pouvoir, lui !

MAITRE PIERRE.

Lequel?

FRANÇOIS.

Lequel? Ah bien ! par exemple, celui de vous empêcher de sortir de chez vous, si Jérôme ne le voulait pas !

MAITRE PIERRE.

Comment ! tu crois qu'il aurait le pouvoir de m'empêcher de sortir?

FRANÇOIS.

Parbleu ! si je le crois ! puisque, l'autre jour, il y avait une charrette embourbée jusqu'au moyeu dans un chemin creux, et les chevaux tiraient, et le charretier les frappait de son fouet, et jurait et poussait à la roue. J'ai bien vu Jérôme qui binait sa vigne à côté, et qui riait en regardant la charrette et le charretier. Ils auraient été là, voyez-vous, vingt charretiers et vingt chevaux, que Jérôme, ce Jérôme, ce sorcier, les eût bien empêchés de bouger !

MAITRE PIERRE.

Comment ne vois-tu pas que l'ornière était si profonde, qu'avec deux haridelles, on ne pouvait en arracher une si lourde voiture ?

FRANÇOIS.

Lourde tant que vous voudrez, maître Pierre, mais la main de Jérôme est plus lourde encore, et d'ailleurs, c'est tout dire, c'est un sorcier !

C'est bien malheureux pour moi, tout de même, qu'il m'ait regardé de son mauvais œil. Tenez, maître Pierre, pas plus tard qu'hier soir, je longeais le marais de la Grand'-Combe ; ne voilà-t-il pas que je vois des feux follets qui dansaient devant moi, comme s'ils portaient dans leurs mains des petites lumières tremblotantes, et puis ils ont passé par-dessus les murs du cimetière qui est tout proche. C'étaient bien là, j'espère, les âmes des morts, et j'ai, allez ! entendu le malin sorcier qui riait drôlement.

Et, en rentrant au logis, oh ! que je tremblais de tous mes membres ! Et je me suis bien vite coulé dans mon lit, la tête fourrée sous les draps, et alors les plats, les verres, les assiettes et le chaudron sautaient et s'entrechoquaient, qu'ils faisaient un vacarme d'enfer. C'était peut-être pas ça non plus les âmes des morts, hein ?

MAITRE PIERRE.

Les âmes des morts, François, ne reviennent pas sur la terre à la voix d'un sorcier, et tu pourrais dormir sur le gazon du cimetière comme dans ta chambre, sans crainte des revenants.

Et d'ailleurs, si les verres et les assiettes s'étaient

entrechoqués, le lendemain matin, tu en eusses trouvé quelqu'un de cassé.

FRANÇOIS.

Non pas, c'était l'effet du sortilége.

MAITRE PIERRE.

Dis plutôt que c'était ton imagination remplie par les troubles de la peur, et qui te faisait voir et ouïr des choses et des figures qui n'ont pas de réalité.

FRANÇOIS.

Ça n'empêche pas que le père Nicaise, qui est aussi un fameux sorcier, celui-là, m'avait promis de me faire trouver un trésor au pied du grand chêne de notre Carouge.

Il me dit : Demain vendredi, à minuit sonnant, si tu veux, je te viendrai prendre. Frotte avec de la suie ton bâton, que tu mettras en califourchon entre tes jambes, et je te ferai voir le diable qui te fera voir le trésor. C'est tout de même plaisant de voir le diable, et le trésor donc ! Minuit sonne, Nicaise vient. Il faisait noir, tout noir, et j'avais grand'peur, comme toujours. Arrivés au Carouge, Nicaise se mit à tourner autour de moi, et il marmottait combien de paroles ! Où est donc le diable et le trésor ? que je lui dis. Il me répond : Mets au pied de l'arbre vingt francs que j'avais tirés de ma bourse, et tu fouilleras demain matin la terre, après avoir fait trois signes de croix. J'ai mis et j'ai fouillé, et c'est vrai que je n'ai pas vu le diable, ni le trésor, ni revu mes vingt francs ; mais Nicaise m'a dit que c'était ma faute, que le diable ne voulait pas se montrer pour si peu que vingt francs, et qu'il me les rendrait plus tard. Ils me reviendront plus tard, bien sûr, mes vingt francs,

avec le trésor. Ah, mais ! c'est que je vous dis que j'en
suis bien sûr et certain ! En attendant, je vais amasser
sou sur sou, pour satisfaire le diable à qui je n'ai pas
donné assez, et c'est ma faute, comme dit Nicaise.

MAITRE PIERRE.

Ton sorcier, vois-tu, François, n'est qu'un fripon qu
t'a volé vingt francs, en abusant de ta crédulité. Il n'y a
pas d'autre diable que lui. Il était caché derrière l'arbre, et il t'a pris ton argent, et tu ferais mieux d'aller
conter la chose au procureur du roi.

FRANÇOIS.

C'est vrai que je ferais peut-être mieux, mais je n'ose.

MAITRE PIERRE.

Eh bien, tu n'es qu'un imbécile.

FRANÇOIS.

Vous en parlez à votre aise, maître Pierre ; mais c'est
qu'il jetterait des sorts sur mes chevaux et sur mes moutons. Je crois même qu'il aura regardé de travers ma pauvre femme. Par exemple, je ne sais pas si c'est Nicaise ;
mais c'est égal, c'est toujours un sort qu'on lui a jeté,
à ma femme, bien sûr !

MAITRE PIERRE.

Peux-tu dire que tu en es bien sûr?

FRANÇOIS.

Oui, puisque si ce n'est pas Nicaise, c'est donc la mère
Babaut.

MAITRE PIERRE.

Qu'est-ce que la mère Babaut?

FRANÇOIS.

Tiens ! vous ne connaissez pas la mère Babaut ! Je vas
vous le dire.

V'là que depuis six mois ma femme est en langueur.
Ça lui tenait dans le creux de l'estomac. Je m'en vas
de ce pas trouver la Babaut, qui est aussi, elle, une fa-
meuse sorcière, une devineresse de tout, une maîtresse
femme, allez, qui n'a pas sa pareille dans les dix lieues
d'autour d'ici, et qui vous guérit les hydropisies, les estropiés et les bossus, et un tas de maladies, avec ses
lunettes, et rien qu'en prononçant des paroles ! Après
quoi, elle vous fait avaler des fioles de toutes sortes
d'eaux amères et qui sentent mauvais, parce que ça
guérit mieux. En a-t-elle des fioles, où il y a des herbes, du chiendent et de l'urine de vache ? C'est ça qui
vous soulage !

MAITRE PIERRE.

Et ta femme s'en est donc bien trouvée soulagée ?

FRANÇOIS.

Je n'en sais rien.

MAITRE PIERRE.

Tu n'en sais rien ! mais va-t-elle mieux ?

FRANÇOIS.

Elle est morte.

MAITRE PIERRE.

C'est cet infernal remède qui l'aura tuée !

FRANÇOIS.

Ah ! je vas vous expliquer. Ça lui aurait fait plus de
bien, si elle en avait pris davantage. D'abord la mère
Babaut n'en manque pas un de ses malades, et notre
médecin est si ignorant ! Ne croiriez-vous pas qu'il disait
à ma femme : Ménagez-vous, ne faites pas de remèdes
forts, ne buvez que de l'eau. Ça la désolait, elle, de ne
boire que de l'eau ; ça n'allait pas assez rondement. Au

contraire, le remède de la mère Babaut était bien salé,
bien salé, et ma pauvre femme avait des haut-le-corps
et des coliques à se tordre, en avalant cela. Bien sûr
qu'elle n'en aura pas assez avalé ! Cent sous la fiole et
pas grande encore ! c'était trop cher ! nos moyens ne
nous le permettaient pas. Ah ! si j'avais pu encore me
procurer quelques verres d'urine, trois verres tant seulement ! ça aurait agi, voyez-vous, dans le corps de
cette pauvre chère femme. Ah ! elle est morte. Que
Dieu ait son âme !

MAITRE PIERRE.

C'est ainsi, mon ami François, que les escrocs des
campagnes spéculent sur vos préjugés et sur votre
ignorance.

Voici pourtant à quoi tout cela se réduit.

Les sorts ne sont que des illusions et des fables, lorsqu'ils ne sont pas des empoisonnements d'animaux et
des crimes ; les feux follets ne sont que des vapeurs de
la terre ; les revenants, que les figures bizarres de la
crainte ; les bruits de nuit, que les terreurs d'une imagination ébranlée ; les sorciers, que des fripons ; les
devins, que des fourbes ; les guérisseurs de tous maux,
que des charlatans ; les boissons d'herbes et d'urine,
que des saletés ; et les chercheurs de trésors, et les
avaleurs de fioles, et les peureux de leur ombre, que
des niais, des superstitieux et des dupes.

XXXII

DES TABLEAUX-LOIS.

FRANÇOIS.

Je sais, maître Pierre, que pour faciliter l'étude et l'application des lois dans les campagnes, vous avez conçu et exécuté un plan aussi simple que facile : quelle a été précisément votre idée en ceci, et comment vous y êtes-vous pris pour arriver à vos fins ?

MAITRE PIERRE.

Plusieurs observations, François, m'avaient frappé : la première, que les lois sont écrites d'une manière trop fine et trop serrée pour vous, surchargées de commentaires, de notes, de circulaires, et enfermées dans des livres trop chers pour que vous les achetiez, et que vous n'achetez pas.

La seconde, que les lois nécessaires sont confondues avec une foule de lois inutiles pour les campagnards, et surtout avec des ordonnances de pure exécution ou d'autorisation, qui sont plus inutiles encore et dont le volume est énorme.

La troisième, que le Bulletin des lois est envoyé de Paris en feuilles volantes. Le maire les entremêle et les superpose, sans aucun ordre de numéros et sans enliassement ni mensuel, ni annuel. Sa femme s'en sert pour envelopper beurre, fromage et tabac, ou pour faire des papillotes. La dent des souris les ronge. La fumée de l'âtre les jaunit. Le premier doigt venu les tache de boue, d'encre, d'huile ou de graisse, de sorte que le conseil municipal, lorsque besoin est, ne peut, non plus que le maire, désigner ou prendre la loi qu'il lui faut, ou quelquefois s'arrête tout court, en pleine lecture, devant un bout de page indéchiffrable ou déchirée.

Cela vu et observé, je songeai à rédiger des tableaux qui missent sous les yeux et à la main des maires, des conseillers municipaux et des habitants de la campagne, les lois civiles, criminelles et administratives qui se rapportent le plus habituellement à leurs travaux, à leurs droits et autorité, ainsi qu'à leurs devoirs et obligations.

Les tableaux sont appendus, les jours de séance, à la muraille de la salle où sont réunis les conseils municipaux, les assemblées électorales et les répartiteurs qui se trouvent ainsi entourés des lois qu'ils ont besoin de consulter, ou dont ils sont appelés à faire l'application.

FRANÇOIS.

Combien y a-t-il de tableaux?

MAITRE PIERRE.

Douze.

FRANÇOIS.

Que contiennent-ils?

MAITRE PIERRE.

1° Le texte de la loi ; 2° la jurisprudence des arrêts du conseil d'État et de la cour de cassation qui se rapportent à la loi, ainsi que les articles corrélatifs des codes, lois et ordonnances ; 3° la date des ordonnances et circulaires ministérielles ; 4° la nomenclature des ouvrages à consulter sur la matière.

Un petit tableau *indicateur et explicatif des matières* est placé sur le bureau du maire, pour qu'on puisse, sans dérangement, rechercher à quel tableau l'on doit avoir recours.

FRANÇOIS.

Quel soin prend-on pour leur conservation ?

MAITRE PIERRE.

La séance finie, le secrétaire, qui est ordinairement l'instituteur, replace les tableaux, l'un sur l'autre, par ordre de numéros, dans l'armoire de la mairie où est renfermé le cadastre, et où ils ne peuvent ni se déchirer, ni se tacher, ni se perdre.

FRANÇOIS.

Mais si les lois sont modifiées, rapportées ou accrues, qui avertira le maire de ce changement?

MAITRE PIERRE.

Ceci a été prévu, François, et tous les ans un *petit tableau complémentaire* doit tenir au courant de la législation, de la jurisprudence et des instructions ministérielles dans les modifications ou transformations qu'elle auraient subies.

FRANÇOIS.

Et le sujet de ces tableaux, maître Pierre?

MAITRE PIERRE.

Tu as raison, François, et j'aurais dû commencer par là : les douze tableaux comprennent à l'endroit, et, s'il y a lieu, à l'envers :

1° La Charte constitutionnelle.

2° Les lois civiles.

3° Les lois criminelles.

4° La loi sur l'organisation municipale.

5° La loi sur l'organisation des communes.

6° La loi sur les chemins vicinaux.

7° La loi sur l'instruction primaire.

8° La loi sur la garde nationale.

9° La loi sur le recrutement de l'armée.

10° La loi sur les contributions directes et indirectes.

11° La loi sur les justices de paix.

12° Tous les modèles d'actes administratifs.

FRANÇOIS.

Ne pensez-vous pas, maître Pierre, que l'instituteur ferait bien de montrer ces tableaux à ses élèves et de leur en lire sommairement l'objet et les divisions, pour qu'ils prennent une idée de la législation française? Il ne doit pas oublier que ces jeunes gens sont destinés un jour à administrer la commune, comme maires ou adjoints, et à lui servir de tuteurs, comme conseillers municipaux.

Il serait même à désirer, si l'espace le permet, que les douze tableaux présentant l'ensemble de la législation communale, fussent placés dans la salle d'école, sous les yeux des enfants les plus âgés et les plus instruits, qui apprendraient ainsi, presque sans s'en douter et par la simple vue, tant par curiosité que par habitude, les seules règles législatives qu'il leur soit nécessaire de savoir dans le courant de leur vie, soit comme maires et conseillers, soit comme habitants de la commune.

MAITRE PIERRE.

De même qu'il serait encore à souhaiter que les tableaux-lois fussent placardés dans le prétoire de la justice de paix du canton, où les justiciables, en attendant l'appel de leur affaire, pourraient les parcourir et se familiariser peu à peu avec les lois de notre pays.

FRANÇOIS.

Et ce plan a-t-il été goûté?

MAITRE PIERRE.

Oui, François, l'autorité supérieure et les autorités locales, les maires et les conseils généraux en ont recommandé et encouragé l'exécution, et aujourd'hui, il y a en France plus de dix mille communes qui possèdent des tableaux-lois.

XXXIII

DES COURS D'EAU.

FRANÇOIS.

Je me suis demandé souvent, maître Pierre, pourquoi notre village est humide, fiévreux, si chargé de brouillards, et si mortel aux vieillards et aux enfants.

MAITRE PIERRE.

La cause en est simple. Presque toutes les maisons du village longent la rivière. Elles y trouvent de l'eau en abondance pour les usages de la vie et le blanchissage, pour l'abreuvage des bestiaux, et l'irrigation des prés, et des chutes d'eau pour les moulins. Mais il a fallu pour cela changer le régime naturel de la rivière qui coulait jadis continûment, dans un lit bas et étroit, et qui entraînait tout le limon dans son cours plus rapide.

On a barré la rivière par des moulins établis de distance en distance. Elle ne va plus que par écluses, et tout ce qui tombe dans son lit en débris de bois, de pierre, de plantes, de feuilles, d'insectes et d'animaux, y demeure et s'y change en vase. A mesure que cette vase s'y dépose par couches superposées les unes sur les autres, les meuniers exhaussent les déversoirs proportionnellement, afin de retrouver la même quantité d'eau. De là, infraction au règlement dressé par les autorités, et procès fréquents avec les meuniers du haut et du bas. Du haut, parce que les eaux gonflées noient et retiennent les palettes des roues du moulin supérieur. Du bas, parce que les eaux retenues n'arrivent pas aussi vite à l'usine inférieure et se perdent en route, soit par l'évaporation, soit par les fissures des digues artificielles qui les contenaient avant leur chute.

Ces échappées d'eau qui surmontent les prés, terres et bois des riverains, les convertissent en marécages d'où s'exhalent, à l'ardeur du soleil, des miasmes pestilentiels. Les racines du bois en sont déchaussées, les céréales jaunissent et pourrissent, et les prés ne poussent plus que des joncs grossiers et des herbes amères.

La viabilité en souffre, car d'une part, le débordement intercepte les chemins vicinaux qui courent souvent le long des ruisseaux. D'autre part, le refoulement de la rivière allonge les deux bouts des gués, ou rend leur traversée dangereuse aux animaux ou aux hommes. Les eaux y gèlent à une plus grande profondeur, et, à la débâcle, elles viennent frapper, avec plus de violence et de péril, contre les ponts de pierre ou de bois.

Les fièvres sont endémiques aux bords de ces rivières, et elles moissonnent la population.

Ainsi, la santé publique, le premier de tous les biens,
l'intérêt de l'agriculture, la bonne harmonie du voisinage, la facilité et la sûreté des communications, sont
également gênés, compromis par l'envasement négligé
et graduel des rivières.

FRANÇOIS.

Et le remède ?

MAITRE PIERRE.

Le remède est dans le curage des cours d'eau. Or,
il arrive que l'autorité locale consulte les conseils municipaux, et ceux-ci prétendent presque toujours que
les prés hauts, éloignés de la rive, ne s'abreuvent qu'à
l'aide des inondations ; que le curage ferait chômer
les usines, et que les propriétaires riverains supporte-
raient des frais trop considérables. Il y a coalition des
intérêts les plus influents contre la mesure, et les maires
et les conseils municipaux n'opposent que trop souvent
une force d'inertie, un défaut de concours, devant lesquels vient se briser la bonne volonté de l'autorité supérieure. On sait, d'ailleurs, que le raccourcissement
des chemins et la facilité des communications, ainsi que
les raisons de salubrité, touchent peu les campagnards.
Tant la routine et les habitudes ont d'empire sur
l'homme !

FRANÇOIS.

Mais la loi ne donne-t-elle pas le moyen de vaincre,
de surmonter ces mauvaises habitudes, cette mauvaise
volonté, qu'elle a dû prévoir ?

MAITRE PIERRE.

Sans doute, la loi ne permet pas d'établir, par le travers des rivières et sans autorisation, des murs, des vannes, des barrages, des claies, des déversoirs artificiels qui arrêtent le cours des eaux, et qui amènent leur envasement et leur obstruction.

Elle recommande aux préfets de dresser des réglements d'eau sur la hauteur des déversoirs, le flux des vannes, les heures d'irrigation, l'emplacement, l'espèce, le volume et le jeu des usines, l'endiguement des bords; ce qui prévient, soit entre les usiniers et l'administration, soit entre les usiniers seulement, une multitude d'altercations. Il serait bon que tous les ans, les ingénieurs de l'arrondissement, voyers ou autres agents-commissaires, inspectassent une fois au moins les différents cours d'eau, depuis leur embouchure dans les canaux ou rivières navigables jusqu'à leur source, et fissent au préfet un rapport détaillé sur la direction, la force et la masse des eaux ; leur emploi, leurs origines et fontaines naturelles ; leurs dérivations, prises et pertes ; les ponts, moulins, vannes, grilles et travaux d'art, soit communaux, soit particuliers, qui les bordent, les traversent, les entravent ; l'état de leur lit intérieur et de leurs digues, et les causes de leurs exhalaisons, ensablements, atterrissements, embarras et arrêts de toute espèce (1).

<hr>

(1) « Il arrive souvent que ce n'est pas seulement par l'effet des « ouvrages d'art, mais par le résultat d'accidents naturels, tels qu'é- « boulements des rives, accumulations de vases et graviers, atterrisse- « ments insensibles, croissance et multiplication de végétaux aqua-

Le préfet recevrait en même temps un rapport sanitaire du médecin des épidémies.

Éclairé par ce double travail dont l'impartialité serait incontestable, le préfet ordonnerait d'office, s'il y avait lieu, le curage des cours d'eau, nonobstant la résistance inerte du conseil municipal (1).

Il n'en est pas des cours d'eau, comme des chemins vicinaux. Les cours d'eau traversent plusieurs communes, et il importe que leur régime soit soumis à un ordre de règles générales. En effet, la santé publique, les ponts, gués et travaux d'art sur tous les cours d'eau, l'érection et la surveillance des usines, la facilité des transports et des communications et le libre écoulement des eaux, sont des objets d'intérêt tout à fait général.

Les lois du 22 décembre 1789, du 12 août 1790, chapitre 6, § 5, et du 14 floréal an XI, confèrent ce droit aux préfets, dans les termes les plus formels. Des circulaires fort sages et fort explicites, émanées du

----

« diques, que le cours des petites rivières s'encombre, se détourne « et sillonne en tous sens les petites vallées qu'elles arrosent et qu'elles « finissent par couvrir pendant plusieurs mois de l'année. Par suite de « cette pernicieuse influence, l'herbe fine et salutaire disparaît sous la « végétation plus puissante des joncs et des roseaux. La prairie se « transforme en marais, le marais engendre des miasmes délétères, « vicie la santé publique, et enlève à l'agriculture ses terrains les plus « précieux. » Circulaire du ministre de l'intérieur.

(1) La consultation de l'autorité supérieure (il faut bien que les conseils municipaux récalcitrants le sachent) est purement spontanée, et leurs avis ne sont qu'officieux et ne l'enchaînent pas. *Voy.* circulaire du 18 *mars* 1859.

ministère de l'intérieur, ont recommandé ce devoir aux préfets (1).

Il est temps de forcer ces résistances d'un intérêt plus égoïste que communal. Car là où suffirait un gué de quelques pouces d'eau, il faut pour le passage des hommes, des bestiaux ou des voitures, soit relever ou entretenir à grands frais une berge artificielle, soit construire et ensuite réparer périodiquement un pont de pierre ou de bois ; toutes dépenses grandes et lourdes pour une pauvre commune. Un simple atterrissement de vase, de jonc ou de sable qui rétrécit ou exhausse le lit d'un ruisseau, produit quelquefois à une lieue de là, en amont, un regord d'un pied d'eau et plus. La généralité d'une commune (et c'est toujours la généralité qu'il faut considérer) perd donc toujours au défaut de curage des rivières. Quant aux riverains, (et j'entends par riverains tous ceux qui, de près ou de loin, en profiteraient), s'ils ont la charge du curage, ils ont le bénéfice des chutes d'eau et de la force motrice, de l'irrigation, de la viabilité, de l'élève et de l'engraissement des bestiaux, des plantations d'arbres, de la pêche, de la fumure des vases et boues, du puisage, de l'abreu-

(1) Ces circulaires prescrivent aux préfets, en termes formels, de dresser un tableau qui devra comprendre :

1° Le nom de chaque rivière et cours d'eau ; 2° le lieu où ils prennent leur source ; 3° la rivière dans laquelle ils ont leur embouchure ; 4° l'étendue de leur cours ; 5° le nom des communes qu'ils traversent ; 6° le nombre et la nature des usines qu'ils alimentent directement ou par des canaux dérivés ; 7° l'étendue des prairies qu'ils arrosent ou inondent dans chaque commune ; 8° la nature et la date du règlement qui régit le curage de chaque cours d'eau ; 9° la situation actuelle et générale sous le rapport du curage.

rage, de la salubrité, de la pureté d'une eau plus libre et plus courante. Chaque citoyen est soumis, d'ailleurs, par la loi, par l'équité, par la force des choses, aux servitudes naturelles et nécessaires de la propriété qu'il possède.

Si toutes les sources alimentaires des rivières étaient bien nettoyées ; si les pentes étaient bien ménagées ; si les herbes, les vases, les boues, les ronces, les arbrisseaux, les racines d'arbres, les sables, pierres, cailloux, gazons, mottes de terre, joncs, roseaux, et atterrissements qui rétrécissent et engorgent leur lit, étaient enlevés ; si, en un mot, il ne se perdait de toute cette eau, ni en volume, ni en vitesse, ni en droiture, une seule goutte, que de force, de richesse, de vie et d'agrément n'en tireraient pas la viabilité, l'habitation, l'industrie, l'agriculture et la santé des populations ; et en rassemblant toutes ces circonstances, en creusant le fond des choses, y a-t-il un objet d'un intérêt plus important et plus général, que le curage des petites rivières ?

<h1 style="text-align:center">XXXIV</h1>

PLANTATIONS DES CHEMINS ET TERRAINS COMMUNAUX.

MAITRE PIERRE.

Il me semble, François, que vous n'avez pas une administration bien économe ni bien vigilante dans votre commune : vous ne réparez pas les murs du cimetière, vous ne relevez pas le toit de l'église, vous ne pouvez même pas communiquer entre vous lorsque le ruisseau est grossi, faute d'une planche ; et les enfants, privés de passage pour aller à l'école, perdent leur temps à faire de longs détours ; vous laissez dans la fange, la grande rue et la place publique ; vous ne délivrez aucun secours en argent ni en pain, bois ou vêtements, aux pauvres petits enfants, aux infirmes et aux vieillards ; cela n'est pas bien.

FRANÇOIS.

Ce n'est pas la bonne volonté qui nous manque, maître Pierre, c'est l'argent ; notre commune, de même que les trois quarts des communes de France, n'a pas un sou de revenu ; nous n'avons ni rentes sur le trésor, ni redevance sur particuliers, en écus ou en nature ; ni droit d'usage dans les bois de l'Etat, ni affouage, ni prés, ni terre.

MAITRE PIERRE.

Comment ! vous n'avez aucuns fonds communaux ?

FRANÇOIS.

Nous avons pour tout bien, nos chemins vicinaux, qui sont empiétés, dans leur largeur, par les riverains, et quelques places vagues, quelques pâtures et marais dont les voisins nous disputent, et se disputent entre eux le pacage.

MAITRE PIERRE.

Que ne les louez-vous?

FRANÇOIS.

La commune n'en retirerait rien qui vaille.

MAITRE PIERRE.

Mais si ces friches et pâtures étaient entre tes mains, qu'en ferais-tu, François?

FRANÇOIS.

Oh ! c'est différent; j'y passerais la charrue, pour les ensemencer en racines ou céréales, ou bien je les retournerais à la bêche pour les convertir en bons prés; j'y creuserais aussi, pour l'écoulement des eaux, des fossés tout autour, ou par le travers.

MAITRE PIERRE.

Mais ce que peut faire un particulier aiguillonné par l'intérêt personnel, une commune ne le saurait entreprendre. Une commune n'a de charrue que celle qu'elle emprunte, de bêche que celle qu'elle louerait, de bras que ceux de la corvée; or, l'on ne peut bêcher, la-

16

bourer, cultiver les terrains communaux, que par voie de prestations en nature, le pire de tous les procédés : ce serait à la fois servitude et mauvaise besogne.

FRANÇOIS.

Et si on les partageait entre tous les habitants sans distinction, riches ou indigents ?

MAITRE PIERRE.

Cela ne serait pas juste ; car les biens communaux sont surtout le patrimoine des pauvres. Chacun se dirait pauvre pour avoir sa portion et comment faire le partage ? Quelles disputes ! n'admettez même que les pauvres, la plupart voudraient leur lot ; pressés qu'ils sont par le besoin, ils en dissiperont le prix, et au bout de peu de temps, ils seront aussi pauvres que devant, dans une commune sans fonds et sans revenu.

Vendre, ça été bon pour faire des propriétaires au commencement de la grande révolution, pour mobiliser les biens de mainmorte et pour multiplier la production. Ce mode est aussi préférable à l'égard des grandes friches, dont le fonds est fertile, et exige des capitaux pour son défrichement ; toutefois, il faut consulter avant, et attentivement, prudemment, les lieux, les temps, la nature des terrains, les besoins de la commune ; il faut prendre garde aussi où va le prix de vente ; car, malheureusement, l'Etat s'est déjà emparé maintes fois des biens des communes, et il les a aliénés ; il a gardé dans ses caisses, et il a employé et dissipé en dépenses folles et personnelles, le capital du prix dont il n'a servi l'intérêt que peu ou point, aux communes.

Il n'en est pas de même des propriétés bâties, dont

la vente est favorable aux communes, qui ne doivent posséder, réparer et entretenir que les maisons et édifices absolument nécessaires à leur usage.

Les amodiations à l'enchère des fonds, marais, pâtures, friches et terres, vaines et vagues, sont le meilleur mode de gestion ; la commune peut alors compter sur un revenu fixe et certain.

Ce revenu peut servir, soit d'amortissement aux emprunts pour les constructions nouvelles et indispensables, soit à payer les réparations et l'entretien des bâtiments, soit à soulager la misère des pauvres ; dans tous les cas, la propriété de ces terrains reste à la commune.

FRANÇOIS.

Je vous ai entendu vous plaindre aussi quelquefois, maître Pierre, de ce que les communes ne tiraient pas de revenu des plantations d'arbres, exécutées avec intelligence et esprit de suite.

MAITRE PIERRE.

J'allais t'en parler, François ; en effet, les communes ne meurent point, et par conséquent, elles ne sont pas pressées de jouir pour s'enrichir ; c'est beaucoup de savoir attendre : les communes de France les plus pauvres, possèdent toutes une assez vaste étendue de chemins, ainsi que quelques friches, places, vergers, prés ou pâtures : or pourquoi, sous la direction du maire, et à l'aide d'un peu d'argent voté chaque année par le conseil, ne planterait-on pas des peupliers, ormes, frênes, acacias ou autres arbres, selon les climats ou le pays, sur la lisière des chemins vicinaux, tout en conservant leur direction et leur largeur ? Aujourd'hui, les riverains plantent sans façon, et par le fait d'une véritable usurpation, sur le sol et en dedans du chemin communal, et lorsque les arbres plantés sont grands, les riverains invoquent la prescription, abattent ces arbres, les émondent, les effeuillent, et les sommations des maires, tendant à leur extraction, sont impuissantes.

Quant aux terrains vagues, le maire pourrait les faire planter, soit en pourtours, allées ou quinconces, les environner de fossés, ou obliger les fermiers de ces terrains à exécuter ces plantations et ouvrages, comme condition de leur bail.

Ces plantations pourraient se faire par économie et par voie d'expérimentation, graduellement et d'année en année, de manière à amener par la suite des coupes réglées de tant d'arbres, et à constituer ainsi à la commune un revenu fixe.

Songe, François, et je te le répète, puisque tu es adjoint et que tu vas être maire, que les communes ne meurent point, et que, comme un bon père de famille, elles doivent administrer leurs biens avec sagesse, faire fructifier le temps qui ne nous appartient pas et qui leur appartient à elles, travailler pour la famille commune, et préparer l'avenir.

XXXV

DES STATISTIQUES COMMUNALES.

MAITRE PIERRE.

Sais-tu dans quel pays tu vis, François ?

FRANÇOIS.

La belle question que vous me faites là, maîtrePierre ! vous savez bien que nous vivons en France.

MAITRE PIERRE.

Oui, mais sais-tu comment la France est bornée à l'orient et au couchant, au nord et au midi ? Combien renferme-t-elle d'habitants ? Quel est son gouvernement, sa religion, ses mœurs et ses lois ? Quels sont ses fleuves, ses montagnes, ses routes, ses monuments ? Quels sont ses productions, son commerce, son industrie, son agriculture, ses forces de terre et de mer, l'état de ses sciences, de ses lettres et de ses arts ? Combien paye-t-elle d'impôt ? Quelle est sa dette ? Quelles sont ses ressources, ses ennemis, ses alliés, sa puissance et sa grandeur ?

FRANÇOIS.

Ah ! je n'en sais rien.

MAITRE PIERRE.

Sais-tu du moins combien le département que nous habitons, contient de population ; sa situation géographique à l'égard de la France ; le nom et l'importance de ses arrondissements et de ses principales villes ; les routes, chemins et canaux qui le traversent, et dans quel sens ; les travaux de son agriculture, et le mouvement général de son industrie ?

FRANÇOIS.

Je n'en sais rien.

MAITRE PIERRE.

Sais-tu peut-être quelle est la population de notre arrondissement ? combien il y a de cantons, et leurs noms ? où ils sont situés, relativement à notre commune ? en quoi notre arrondissement est riche, et en quoi il est pauvre ? Quels sont ses monuments, ses cités, ses curiosités, ses produits naturels, ses hommes célèbres, ses guerres, ses siéges, son histoire ? ses autorités judiciaires, administratives, militaires, ecclésiastiques ? le nom de leurs préposés, le siége, l'objet et le ressort de leur juridiction ?

FRANÇOIS.

Je n'en sais rien.

MAITRE PIERRE.

Mais la commune où tu habites depuis cinquante ans, la connais-tu mieux ? Sais-tu, au juste, le chiffre moyen de sa population ? En sais-tu l'étendue, les limites et l'orient ? sa distance de la capitale du département, et de la capitale de la France ? ses revenus, ses impôts ?

FRANÇOIS.

Pas davantage.

Ce n'est pas, maître Pierre, que je n'aie une idée confuse de tout ce qui existe dans notre commune ; et je serais bien curieux de voir mettre en ordre tous ces détails-là, et comme en un miroir où la commune pourrait se mirer et se réfléchir Est-ce que cela est possible, et serait-ce là ce qu'on appelle une statistique ?

MAITRE PIERRE.

Précisément. Et la chose est plus facile à faire que tu ne le penses.

FRANÇOIS.

Comment donc s'y prendrait-on ?

MAITRE PIERRE.

Le maire ferait cette statistique. Il commencerait par tracer l'histoire du pays : on aime à savoir comment nos pères se rattachaient à leurs pères, et ceux-ci à leurs ancêtres, jusqu'à ce que la chaine des générations passées s'étende, remonte, et se perde dans l'obscurité des temps. Il consulterait la mémoire des vieillards, les anciennes chartes, les manuscrits des familles, s'il y en a, les inscriptions et tous autres documents. Il saurait et dirait l'origine et la suite des familles, les variations de la population et ses causes probables, la fondation et la ruine des monuments, églises, châteaux, cimetières, maisons de ville, ponts, aqueducs, fontaines, hospices, rues et chemins ; les guerres, batailles et faits d'armes ; les progrès de l'instruction, de l'agriculture, de l'industrie, du vêtement et du vivre ; le prix comparé des denrées ; l'histoire des hommes célèbres nés, ou morts, ou domiciliés dans la commune ; les épizooties ou épidémies qui ont, à différentes époques, décimé la population et les animaux, etc.

Puis, s'occupant ensuite de l'état présent de la commune, la statistique se diviserait en plusieurs chapitres liés entre eux, mais ayant un objet différent.

Le premier chapitre comprendrait ce qui est relatif à sa constitution matérielle, sa distance du chef-lieu, sa situation, sa circonscription, la nature de son sol, les espèces variées de sa culture, les produits de son industrie, les objets de ses échanges et de son commerce, les plaines, montagnes, eaux courantes, étangs, moulins, etc.

Le second chapitre comprendrait ce qui est relatif à sa constitution administrative, ses relations avec la sous-préfecture, la justice de paix, les receveurs des impôts et la gendarmerie ; ses hospices, églises et prisons, bureaux de bienfaisance, s'il y en a ; les routes, rues, chemins, ruisseaux, ponts, rivières, gués et bâtiments communaux ; le cadastre et l'impôt ; le culte et l'éducation ; la police et le recrutement, etc.

Le troisième chapitre comprendrait ce qui est relatif à la constitution médicale, l'hygiène des hommes et des animaux, la salubrité des expositions, les vents, tempêtes, grêles, pluies et phénomènes météorologiques ; les variétés de la température ; les prédispositions à telles ou telles maladies, d'après la situation de la commune sur les montagnes ou dans les vallées, dans un pays découvert et brûlant, ou dans un pays boisé et glacé par les vents du nord ; dans un lieu sec ou au bord des marécages ; les causes physiques qui accélèrent ou suspendent les progrès de la population ; les tables décennales des naissances, mariages et décès ; l'influence des habillements, de la nourriture et des habitudes hygiéniques sur la fréquence, la rapidité, l'espèce des maladies, et sur la longévité, etc.

Le quatrième chapitre comprendrait ce qui est relatif à la constitution morale, l'influence de la religion, les rapports d'affection, d'égards et de piété entre parents; la fécondité ou la stérilité des mariages; les effets du célibat, du libertinage et de la prostitution; l'éducation des enfants, sa tendance, son objet, ses méthodes, ses résultats; le caractère naturel des habitants, gai ou sérieux, timide ou hardi, réservé ou entreprenant, discret ou bavard, superstitieux ou incrédule; les croyances aux revenants, feux follets, rebouteurs, remèdes secrets et charlatans, sorts et sortiléges; les opinions politiques ; le résultat sur les mœurs, des bals, fêtes, billards, jeux de hasard et veillées d'hiver; les habitudes et superstitions locales, préjugés, usages, etc.

La statistique communale, François pourrait se mouvoir à l'aise dans ces cinq grandes divisions; et le maire, après l'avoir ébauchée, en ferait lecture aux notables et gens experts de la commune, qu'il réunirait à cet effet ; puis, corrigé selon leurs vues et expérience, ce précieux document serait déposé aux archives de la commune, pour être consulté au besoin par tous les habitants, et revisé au bout de dix ans.

FRANÇOIS.

Ces statistiques locales resteraient-elles enfouies dans les mairies ?

MAITRE PIERRE.

Non, François, une fois toutes les statistiques communales faites, le juge de paix, assisté d'une commission, les résumerait dans une statistique cantonale.

Une fois les statistiques cantonales faites, le sous-préfet, assisté d'une commission, les résumerait dans une statistique d'arrondissement.

Une fois les statistiques d'arrondissement faites, le préfet, assisté d'une commission, les résumerait dans une statistique départementale.

Une fois les statistiques départementales faites, le ministre de l'intérieur, assisté d'une commission, les résumerait dans une statistique de la France.

Sans ce mode-là, on n'arrivera à rien de net, de positif, de complet, d'exact, en fait de statistique.

Si un tel plan eût été, depuis un millier d'années, mis à exécution par les syndics ou les curés de chaque village, quels documents précieux, quels trésors, l'administration, les finances, l'économie politique, le commerce et l'industrie, les sciences, les lettres et les arts, la géographie, l'hygiène, la médecine, la botanique, la météorologie et, finalement, les familles et l'État, ne tireraient-elles pas de ces statistiques?

Pourquoi, François, ne ferions-nous pas pour notre postérité, ce que nos pères, à notre grand dommage, ont négligé de faire pour nous? Enfin, étendez cette statistique locale, élémentaire, détaillée, véridique, facile et simple, à tous les pays et dans toutes les langues, et vous aurez bientôt les archives complètes du genre humain.

Un autre et précieux avantage des statistiques locales, c'est de permettre aux maîtres d'école d'enseigner à leurs élèves, la géographie de la commune, sa configuration, sa géologie, son hygiène, sa population, ses productions anciennes et nouvelles, ses méthodes d'agriculture, ses voies d'échange et de commerce, l'histoire sommaire des monuments et des hommes d'autrefois, ses fêtes, ses coutumes, ses mœurs, ses préjugés à combattre, ses belles actions à imiter, ses crimes à fuir, sa richesse à accroître, son histoire alimentaire et domestique, hommes et animaux, à comparer dans les différents temps, etc.

Rien de plus intéressant pour de jeunes villageois qui, voyant sous leurs yeux les personnes et les choses dont on leur parle, peuvent rectifier, presque involontairement, les défauts et l'inexactitude des paroles du maître. Rien de plus propre à fortifier leur esprit par la science du positif, et par l'étendue et la justesse des comparaisons.

Tout change et se renouvelle sans cesse, la nature, les institutions et les hommes.

Mais ces renouvellements affectent plutôt la forme que le fond. Un progrès mène à l'autre. Le passé sert de transition, de leçon, de guide au présent. Lorsqu'on sait ce qui est mal, on le corrige; lorsqu'on sait ce qui est bien, on l'imite; lorsqu'on sait ce qui a nui à ses ancêtres, on l'évite pour ses enfants. Vivre sur la terre qui nous a vu naître, sans s'inquiéter ni de ce qui nous a précédé, ni de ce qui doit nous suivre, c'est dormir du sommeil du bœuf, c'est vivre en brute. Mieux on connaît ses concitoyens, plus on veut les servir; mieux on étudie son pays, plus on l'aime.

XXXVI

DU COMPAGNONNAGE.

(Germain et Jean se rencontrent, s'injurient et se battent.)

MAITRE PIERRE.

Au nom de Dieu, séparez-vous. Mais vous allez vous tuer !

GERMAIN.

C'est sa faute aussi, pourquoi m'appelle-t-il Dévorant?

JEAN.

Pourquoi m'appelle-t-il Gavot?

GERMAIN.

Je ne puis souffrir cet homme! J'ai de la haine contre lui.

JEAN.

A son aspect, je ne me possède plus, et je le déchirerais de mes mains !

(Ils se rapprochent et se menacent.)

MAITRE PIERRE.

Que faites-vous? Arrêtez! Est-ce que vous n'êtes pas ouvriers du même état?

GERMAIN ET JEAN.

Oui.

MAITRE PIERRE.

Est-ce que vous ne faites pas usage de la même scie et du même rabot?

GERMAIN ET JEAN.

Oui.

MAITRE PIERRE.

Est-ce que vous n'avez pas été apprentis chez les mêmes maîtres?

GERMAIN ET JEAN.

Oui.

MAITRE PIERRE.

Est-ce que vous n'ajustiez pas les mêmes pièces, l'un pour l'autre, l'un avec l'autre?

GERMAIN ET JEAN.

Oui.

MAITRE PIERRE.

Est-ce que celui-ci n'achevait pas l'ouvrage que celui-là avait commencé?

GERMAIN ET JEAN.

Oui.

MAITRE PIERRE.

Est-ce que vous n'habitiez pas sous le même toit, que vous ne mangiez pas à la même table, que vous ne buviez pas dans le même verre?

GERMAIN ET JEAN.

Oui.

MAITRE PIERRE.

Est-ce que vous n'avez pas été à l'école ensemble?

GERMAIN ET JEAN.

Oui.

MAITRE PIERRE.

Est-ce que vous n'êtes pas de la même province?

GERMAIN ET JEAN.

Oui.

MAITRE PIERRE.

Est-ce que vous n'êtes pas tous deux Français?

GERMAIN ET JEAN.

Oui.

MAITRE PIERRE.

Eh bien donc! et vous voulez vous mettre à mort?

GERMAIN.

Mais ne voyez-vous pas que c'est un Gavot?

JEAN.

Mais ne voyez-vous pas que c'est un Dévorant?

GERMAIN.

Il a un ruban bleu à son équerre.

JEAN.

Il a un ruban rouge à sa canne.

MAITRE PIERRE.

Ainsi, Germain, vous voulez assommer Jean parce qu'il porte un ruban bleu; et vous, Jean, vous voulez assommer Germain parce qu'il porte un ruban rouge! C'est là votre unique raison; car, au reste, Germain, vous n'avez pas offensé Jean, et vous, Jean, vous n'avez pas offensé Germain ?

GERMAIN ET JEAN.

Non.

MAITRE PIERRE.

C'est donc une querelle de point d'honneur ?

GERMAIN.

Oui, c'est l'honneur de ma compagnie qui m'anime et je me ferais tuer pour le soutenir. J'ai seul le droit, et il ne l'a pas, et il le sait bien, de porter des gants blancs. Je n'ai pas, moi, trempé mes mains dans le sang d'Hiram, du temps de Salomon !

MAITRE PIERRE.

Qu'est-ce que cela veut dire ? Est-ce que Jean, lui, serait par hasard coupable du meurtre d'Hiram qui vivait il y a plus de dix-neuf cents ans, et longtemps avant Jésus-Christ ?

GERMAIN.

Je vous dis que ce nom de Gavot me met en fureur !

JEAN.

Et moi, ce nom de Dévorant !

GERMAIN.

Demandez-lui aussi, à ce simple apprenti, s'il ne refuserait pas de cirer mes bottes, de brosser mon habit et de verser du vin dans mon verre ? Est-ce là ce qui s'appelle se ranger à son devoir ?

JEAN.

Mon devoir ! Dieu ne m'a-t-il pas fait son égal ? suis-je son domestique ? me paye-t-il pour le servir ?

GERMAIN.

Eh bien, vous voyez de quel ton arrogant un simple apprenti me répond à moi, à un compagnon, et comme il est fier ! Il ne veut pas m'obéir à moi qui ai le pas sur lui ! et demandez-lui aussi pourquoi il prend nos rubans bleus ?

JEAN.

Et lui nos rubans rouges ?

GERMAIN.

Et lui nos équerres ?

JEAN.

Et lui nos cannes ?

GERMAIN.

N'a-t-il pas l'audace de porter ses rosettes fleuries, à la même boutonnière que moi ?

JEAN.

Et pourquoi pas, Dévorant exécrable ?

GERMAIN.

Gavot infâme !

JEAN.

Si cela n'appelle pas vengeance !

GERMAIN.

S'il ne mérite pas que je le tue ? Attends !

MAITRE PIERRE.

Arrêtez, arrêtez, de grâce !

GERMAIN.

Mais je vous dis que c'est un Gavot !

JEAN.

Mais je vous dis que c'est un Dévorant !

MAITRE PIERRE.

Eh ! qu'est-ce que cela fait que l'un de vous soit un Dévorant et que l'autre soit un Gavot?

GERMAIN ET JEAN.

Cela fait beaucoup.

MAITRE PIERRE.

Cela peut faire tout ce qu'il vous plaira d'imaginer, mais non pas que vous fassiez une action raisonnable et juste, et si vos compagnies ne vous inspirent pas de meilleurs sentiments et de meilleures actions, il faudra dissoudre le compagnonnage.

GERMAIN.

Comment? dissoudre notre société, une société aussi vieille que le vieux Hiram, une société bienfaisante, intègre, utile! Y pensez-vous? Un de ses membres, pauvre ouvrier, arrive-t-il dans une ville, on lui procure du travail. Est-il malade, on lui porte des remèdes et des secours. Sort-il de l'hospice, on lui remet tant par jour, sur la caisse de la société. Commet-il un vol, une escroquerie, une action deshonnête, on le dégrade et on le chasse. Meurt-il, on lui rend pieusement les derniers devoirs. Francs amis, bons compagnons, nous travaillons, nous rions, nous buvons, nous chantons, nous nous assistons, nous souffrons, nous jouissons ensemble.

JEAN.

Et moi, j'en dis autant de nos braves Gavots, comme vous les appelez par dérision.

MAITRE PIERRE.

C'est bien, mes amis, de s'associer pour le travail é

17

l'assistance, le plaisir et la peine; mais il ne faut pas que l'amour de sa société ne soit que la haine des sociétés d'un autre nom, et qu'on veuille de l'égalité des autres à soi, tandis que l'on ne veut que de l'inégalité de soi aux autres.

GERMAIN.

Est-ce que les autres corps d'état vivent en meilleure intelligence que le nôtre?

MAITRE PIERRE.

Croyez-vous donc que je ne blâme pas, tout autant que je vous blâme, les charpentiers qui équarrissent les poutres et les menuisiers qui posent les fenêtres, lorsqu'ils repoussent avec indignité les cordonniers qui tirent et percent le cuir, et les boulangers qui pétrissent le pain? Croyez-vous que j'approuve les charrons et les forgerons qui se ruent les uns sur les autres, et les serruriers et les tailleurs de pierre qui s'attaquent avec des instruments de mort et des hurlements de sauvages? Ils sont bien avancés, les héros de ces sanglantes boucheries, lorsqu'ils tombent dans les mains de la justice, qui les envoie ramer aux galères! Ne vaudrait-il pas mieux employer cette force de caractère à réunir les compagnons divisés, et ce courage à défendre la patrie? Qu'en dites-vous, Germain, et pourquoi baissez-vous la tête?

GERMAIN.

Je réfléchis, et si je n'étais pas encore retenu par un peu de fausse honte, je commencerais par tendre la main à Jean.

JEAN.

Voici la mienne.

GERMAIN.

Et j'ajouterais, maître Pierre, que je reconnais la
vérité de vos observations. Mais vous savez bien que
nous sommes de pauvres ouvriers sans instruction,
et n'est-ce pas un peu la faute de ceux qui ne nous enseignent pas à l'école à nous chérir, à nous entr'aider et
à nous traiter en amis, tous tant que nous sommes, sans
distinction d'état et de société, et sur le pied de l'égalité la plus parfaite, la plus secourable et la plus frater-
nelle? Ne trouvez-vous pas non plus, maître Pierre,
que les chefs des nations qui poussent leurs sujets à
s'entr'égorger sur le pas d'une frontière, sans cause
raisonnable et presque toujours sans résultat, sont tout
aussi fous que les Gavots et les Dévorants?

MAITRE PIERRE.

Oui, Germain, de quelque nom pompeux qu'on les
décore, toutes les guerres entre les enfants des hommes
sont abominables, et ils sont bien insensés les gouvernements qui se livrent bataille à votre imitation, pour
des préséances, des chapeaux de travers et des rubans
fleuris.

Mais vous qui composez, au nombre de plusieurs
centaines de mille, la grande armée de l'industrie, si
vous voulez que ces horribles guerres qui ruinent et
désolent le genre humain, viennent à cesser, commen-
cez par n'honorer et par n'imiter que ceux d'entre les
ouvriers qui sont les plus habiles, les plus laborieux,
les plus vertueux et les plus pacifiques. C'est, aujour-
d'hui, d'en bas plutôt que d'en haut que doit venir la
réforme.

Quand les hommes du peuple seront plus éclairés et

plus moraux, ils auront plus d'importance, et quand ils seront plus unis, ils auront plus de force; et quand ils auront plus d'importance et plus de force, on ne pourra plus, ni matériellement, ni rationnellement, leur refuser la participation aux droits dont nous jouissons. Vous n'êtes pas, vous, comme les grands de la terre, amollis par le luxe et corrompus par l'ambition, et il vous est plus facile d'être plus sages que les rois, et si vous ne l'étiez pas, vous seriez moins excusables qu'eux, puisque vous n'avez pas de flatteurs.

XXXVII

ILLUSTRATIONS DE CHAQUE ARRONDISSEMENT.

MAITRE PIERRE.

François, aimes-tu ta patrie?

FRANÇOIS.

La belle question ! Comment voulez-vous, maître
Pierre, que je n'aime pas notre chère et glorieuse
France ? Mais j'aime aussi mon pays natal, et j'en suis
fier.

MAITRE PIERRE.

Pourquoi ?

FRANÇOIS.

Parce que nos braves ancêtres ont repoussé les Anglais dans plusieurs siéges mémorables.

MAITRE PIERRE.

N'avez-vous rien de plus dont vous puissiez vous
vanter?

FRANÇOIS.

Oh ! si, nous avons deux beaux canaux qui traversent

nos murs, une immense forêt à nos portes, des marchés renommés par l'excellence de nos moutons, et des débris d'un château royal.

MAITRE PIERRE.

Rien de plus! Et les hommes célèbres nés dans la ville ou dans l'arrondissement?

FRANÇOIS.

Lesquels?

MAITRE PIERRE.

Comment? tu ne connais pas le célèbre amiral qui fut massacré dans la nuit fatale de la Saint-Barthélemy, le poëte qui fit le vieux roman de la Rose, la tendre piétiste qui égara un moment le génie de Fénélon, le général qui succomba dans les champs de Valentino-Goru, et celui qui fut le plus grand de nos orateurs modernes, et le peintre brillant d'Atala (1)?

FRANÇOIS.

Quoi! tous ces fameux personnages sont nés dans notre arrondissement?

MAITRE PIERRE.

Oui, François, et rien n'en retrace la mémoire, rien ne rappelle aux yeux de nos concitoyens ces grands noms qui doivent vous remplir d'un juste orgueil.

Mais puisque tu es membre du conseil municipal, voici une idée que je te propose et qui est d'une exécution facile.

La salle de la mairie est vaste, mais un peu nue. Or, quel plus bel ornement que d'inscrire sur les murailles le nom de vos hommes célèbres? On mettrait en légende

_____

(1) Allusion aux célébrités de l'arrondissement de Montargis.

sur l'un des pans de la muraille et en caractères saillants :

*Illustrations de l'arrondissement de ***.*

Au-dessous de cette légende, figureraient, dans des couronnes également saillantes, le nom de chaque homme illustre. On ne prendrait que les noms des hommes morts, de peur que la flatterie ne gâtât la pureté de cet hommage. On laisserait plusieurs couronnes vides, pour exciter la noble émulation des vivants.

On écrirait, dans les entre-palmettes, les noms des généreuses personnes des deux sexes qui ont ravi leurs semblables aux flammes ou aux flots, ou à quelque danger de mort.

Ainsi se trouveraient confondues dans la même reconnaissance et recompensées des mêmes honneurs, les bonnes actions et les illustrations nationales, la vertu et la gloire.

C'est dans la salle dont l'entrée est ouverte au public et aux voyageurs, où se célèbrent les mariages, où se rassemble périodiquement l'élite des citoyens, où se font les élections municipales et de la garde nationale, où se distribuent les prix des colléges et des écoles, que les noms célèbres et honorés de la cité et du pays frapperaient tout d'abord les yeux et l'imagination des jeunes gens. Quel plus simple et, en même temps, quel plus beau spectacle de morale, d'honneur et de généreuse envie! quelle flatteuse récompense! quelles lettres de noblesse pour les familles dont les noms resplendiraient de cette auréole civique, dans le lieu même de leur berceau! Quels efforts de vertu et de talent ne tenteraient pas les jeunes gens dans tout le cours de leur vie, pour obtenir, après leur mort, une distinction d'autant plus grande, qu'elle serait plus rare et plus désintéressée !

Toutes les illustrations, d'ailleurs, sont relatives, et braves guerriers, maires dévoués, fondateurs d'hospices et d'établissements utiles, manufacturiers, artisans ingénieux, magistrats, savants, artistes, écrivains, orateurs, pourraient recevoir de la reconnaissance éclairée de leurs concitoyens cette précieuse et vénérable marque d'honneur. Les pères de famille montreraient de bonne heure à leurs jeunes enfants ces noms et ces couronnes pour éveiller dans leur âme de nobles inspirations, avec de respectueux souvenirs ; et, avant de faire voir aux étrangers les canaux, les routes, les sites, les promenades, les musées, les fontaines et les monuments de pierre qui décorent la ville extérieure, on les conduirait devant les monuments intellectuels, devant les noms des glorieux enfants du pays et de la cité, dont le pays et la cité sont, avec raison, plus jaloux et plus fiers encore.

FRANÇOIS.

Et cette dépense, maître Pierre, qui la supporterait ?

MAITRE PIERRE.

Les frais de ces couronnes et inscriptions seraient de si peu de chose, qu'il ne vaudrait pas la peine de les porter sur le budget du conseil municipal, et que la dépense serait couverte à l'aide de la plus petite souscription, recueillie dans les cantons et au chef-lieu de l'arrondissement. La pensée d'une souscription est, d'ailleurs, plus étendue et plus morale ; elle associe le concours volontaire et la reconnaissance de tout le pays, à l'accomplissement d'une œuvre commune.

L'admission des noms, leur discussion, leur choix, leur préférence et le mode de l'inscription seraient déterminés par un règlement spécial. Je me bornerai ici à dire que l'œuvre aurait d'autant plus de prix, que l'admission des noms serait plus difficile, l'impartialité du choix plus sévère, et l'inscription plus simple.

FRANÇOIS.

Mais comme ceci rentre dans les attributions des maires, ne craindriez-vous pas, maître Pierre, que votre proposition ne rencontrât. de leur part, plus d'un obstacle, et surtout les obstacles de l'amour-propre ? Car la plupart des administrateurs ne sont que trop enclins à n'exécuter que ce qui vient d'eux-mêmes, et ils ont toujours mille objections à faire à ce qui vient des autres.

MAITRE PIERRE.

J'augure mieux que toi, François, du patriotisme et de l'intelligence des maires de chefs-lieux, qui sont presque tous des hommes estimables et distingués. Ce que je propose est d'une exécution tellement facile et agréable pour eux, qu'ils s'empresseront, je le crois, de l'accueillir, et l'imitation de cette bonne œuvre les gagnera tous, de proche en proche.

Mais, dût-on repousser mon idée, si je la crois bonne, morale, féconde, exécutable, mon devoir est de la mettre au jour, comme on jette au vent des semences fécondes qui trouvent toujours quelque coin de terre pour y fructifier. Proposons ce qui est utile, advienne ensuite que pourra (1)!

(1) Le plan des *Illustrations locales* a été exécuté à Montargis. L'inscription, la légende, les couronnes, ont été disposées dans la salle de la mairie, à l'aide d'une souscription volontaire et d'une allocation municipale. Quatre bustes, ceux de Coligny, Girodet, Gudin et Mirabeau, ont été placés sur des estrades.

Pour compléter le projet, on a rédigé une biographie des personnages célèbres inscrits sur les tables d'honneur. Cette biographie, approuvée par l'Université, a été répandue dans les écoles de l'arrondissement, et l'on y a joint la lithographie de la salle.

Il n'y a pas, en France, un seul chef-lieu d'arrondissment où l'on ne puisse et où l'on ne dût en faire autant.

XXXVIII

BIOGRAPHIES LOCALES D'HOMMES CÉLÈBRES.

FRANÇOIS.

Vous m'avez parlé, maître Pierre, dans notre dernier
entretien, du projet de décorer avec des couronnes ci-
viques les noms de nos hommes célèbres.

MAITRE PIERRE.

Je te dirai plus aujourd'hui : ce projet a été exécuté
dans la salle de notre mairie.

A droite et à gauche de la porte d'entrée, six pan-
neaux ont été disposés pour recevoir des noms illustres.
Ces noms, écrits en lettres d'or, sont surmontés de couronnes étoilées.

Les bustes de quatre grands hommes ont été élevés
sur des estrades, aux quatre coins de la salle.

Pour mieux porter ces noms à la connaissance de
tout l'arrondissement, une notice a été publiée, qui
contient : 1° la liste des souscripteurs ; 2° la lithogra-

phie de la salle ; 3° la courte biographie, non-seulement des célébrités inscrites, mais encore des personnes notables qui ont vécu autrefois dans l'arrondissement, ainsi que des bonnes actions qui ont mérité récompense.

La notice a été approuvée par le gouvernement et distribuée aux souscripteurs, aux membres du conseil général, aux maires de chefs-lieux de canton, et à chacun des instituteurs primaires, qui la donne à lire à ses élèves.

La notice est précédée d'une courte préface que j'ai demandé la permission de reproduire, et qui s'adresse en ces termes, aux enfants de nos écoles :

« Nous avons tous, mes enfants, une grande patrie qui est la France, et nous devons l'aimer de toutes nos forces et de toute notre âme. Nous devons bénir Dieu de nous avoir fait naître sur cette terre favorisée du ciel. Ses pieds se baignent dans le Rhin, l'Océan et la Méditerranée. Ses Alpes et ses Pyrénées montent leurs têtes dans les nuages. Ses innombrables bourgs et ses vastes cités couvrent nos collines et nos plaines. La France produit plus de blé, d'orge et d'avoine, qu'il n'en faut pour sa consommation. Ses vins sont les meilleurs et les plus estimés de l'Europe. Son commerce, par la richesse et la variété de ses produits, est à l'égal de son agriculture. Ses flottes couronnent les mers de leur pavillon. Ses armées ont porté la gloire de nos triomphes sur tous les points du globe, et aujourd'hui elles entourent nos flancs, comme d'une ceinture défensive qu'aucune force humaine ne pourrait rompre. Sa population, qui se multiplie d'année en année, et qui se presse sur son territoire, s'élève à plus de trente-quatre millions d'habitants. Ses arts et son industrie sont merveilleux, sa langue est universelle, et ses grands hommes font l'admiration du monde.

« Mais si nous devons nous considérer tous comme les enfants de la même patrie, comme ne parlant tous que la même langue, comme ne faisant tous ensemble que la même âme et le même corps; si nous devons adresser à tous nos grands hommes sans exception, les hommages de notre vénération et de notre reconnaissance, il semble que nous devions plus particulièrement encore les témoignages de notre tendresse et de nos respects à ceux dont la Providence a placé plus près de nous le berceau. Ceux-là sont, pour ainsi dire, encore plus nos concitoyens. Les premiers sont plutôt enfants de notre patrie, et les seconds membres de notre famille. Nous ne les avons pas vus, pour la plupart, mais nous savons qu'ils ont habité le sol où nous habitons, qu'ils ont respiré l'air que nous respirons, qu'ils ont vécu avec nos pères, qu'ils ont laissé parmi nous des amis, des parents, des descendants peut-être; et de même que les rayons de leur célébrité se reflètent d'abord sur les lieux qui les virent naître, de même, et par un juste retour, nous devons leur rendre une portion de l'éclat qu'ils nous communiquent, et, en les glorifiant, nous glorifier nous-mêmes.

« Puisqu'il a donné à l'homme le désir et la faculté d'imiter ses semblables, Dieu n'a pas fait la vertu et le talent pour être cachés dans l'ombre. Il les a faits pour qu'on les voie, pour qu'on les loue, et surtout pour qu'on les imite. Il n'y a aucun enfant bien né qui ne se réjouisse de vivre dans un lieu abondant en gens vertueux, et qui ne se sente fier et content, lorsqu'il peut dire : « Cet homme célèbre, il était de mon pays! »

« Voilà pourquoi, mes chers enfants, nous avons exposé en public, dans la ville de Montargis, capitale de notre arrondissement, les noms couronnés de nos personnages illustres ; voilà pourquoi nous avons reproduit ces noms sur le frontispice de notre petit livre ; voilà pourquoi nous vous donnons ici leurs vies à lire, afin que vous aimiez encore mieux votre pays et que vous remerciiez Dieu de vous y avoir fait naître. Voilà pourquoi nous vous disons aussi le nom et les bonnes actions de ces hommes utiles, vos concitoyens, qui ont sauvé des flots ou des flammes, ou d'un grand danger, plusieurs de leurs semblables, au péril même de leur vie. Il est bien juste, n'est-ce pas, que leur nom et leurs actions ne meurent point parmi vous, que leur mémoire soit honorée, et que leur plus belle récompense soit de trouver en vous des imitateurs!

« Les hommes célèbres qui brillent par leurs talents, leur caractère, leurs services ou leurs exploits, ne paraissent dans la société qu'à de rares intervalles. Les dons privilégiés de la Providence et les hasards de la bonne fortune aident beaucoup à la célébrité. Mais il n'y a souvent personne de plus à plaindre que les hommes illustres, et le pays jouit plus de leur gloire qu'eux-mêmes. Ils sont affligés par tant de disgrâces foudroyantes, par tant de passions orageuses, par tant de misères profondes et par des morts si prématurées! Ainsi, sans sortir de chez nous, Lantara meurt sur le grabat d'un hôpital ; Mirabeau est enlevé à la fleur de l'âge, au sein de ses triomphes oratoires ; Gudin est frappé par un boulet de canon, dans le feu de la bataille, à six cents lieues de sa femme et de ses enfants; Girodet, miné par une maladie cruelle, traîne dans la douleur les restes de sa vie ; Coligni tombe sous le poignard d'un assassin; madame Guyon elle-même, mise en prison, persécutée, finit ses jours dans l'exil. Glorifiez-vous donc, mes amis, de ces illustrations, plus qu'il ne vous faut les envier.

« Enviez bien plutôt ces hommes dont la vie a été plus tranquille et la condition plus modeste, et qu'il est donné à chacun de vous d'imiter, si la même occasion de bien faire se présente un jour pour vous, comme elle s'est présentée pour eux. C'est la bonne renommée de tout le pays, plutôt que l'éclatante renommée de quelques-uns, qu'il vous faut vouloir. Il n'y a pas un de vous, s'il était enclin au mal et à la paresse, qui ne doive devenir meilleur, en voyant les récompenses qu'on donne au talent et à la vertu. Il n'y a aucun de vous, quelle que soit l'obscurité de son nom et la pauvreté de son état, qui ne puisse, après sa mort, être inscrit sur les pages glorieuses de ce tableau. Faites donc le bien, mes enfants, et ayez bon courage! »

FRANÇOIS.

Ce sont là d'utiles enseignements; je vous remercie, maître Pierre, de m'avoir fait connaître cette œuvre patriotique, et je voudrais qu'elle fût imitée.

MAÎTRE PIERRE.

Et moi aussi.

XXXIX

SECRÉTAIRES DES MAIRIES DE VILLAGE.

MAITRE PIERRE.

Il me semble, François, que la délibération du conseil municipal a été bien longue, et qu'avez-vous donc fait pendant tout ce temps-là ?

FRANÇOIS.

D'abord, voyez-vous, maître Pierre, il était difficile de s'entendre, parce que nous voulions tous parler à la fois ; et puis on nous écrit dans les circulaires et les lettres du préfet et du sous-préfet, des mots savants que nous ne comprenons pas toujours b en. Enfin notre maire est, vous le connaissez, un honnête laboureur, bien intentionné ; mais, à cause du défaut d'études et à cause aussi de ses travaux manuels, il n'a pas l'habitude des écritures et des paperasses, et il apporte de chez lui une liasse où se trouvent mêlés et confondus les numéros du *Bulletin des lois*, les avertissements du percepteur, les baux communaux, les annonces de spectacles, les indications de foires et marchés, les bans de vendanges, les quittances du garde champêtre, les circulaires du préfet, les autorisations de convocation du sous-préfet, les tableaux de prestations des chemins vicinaux, les procès-verbaux des délibérations du conseil, et avant qu'on se soit retrouvé dans ce chaos et qu'on ait mis la main sur la pièce à examiner, la loi à lire, ou la question à discuter, il se perd beaucoup de temps.

MAITRE PIERRE.

On ne peut pas cependant, François, diviser, partager le gouvernement de notre grand pays, et avoir un ministre, un préfet, un sous-préfet pour la ville et un autre pour la campagne.

FRANÇOIS.

Non, sans doute, mais il serait bon que les instructions administratives qu'on nous envoie, fussent toutes mises et rédigées dans un style bien simple, bien uni, avec le moins de mots techniques possible, et l'on dit que ce n'est pas chose facile que d'écrire ainsi.

MAITRE PIERRE.

C'est vrai, et l'on ne peut pas non plus trouver toujours des maires instruits. Il y a des inconvénients à en choisir qui n'habitent pas la commune, et enfin l'on ne peut les prendre, tu ne l'ignores pas, François, que parmi les membres du conseil municipal. Si donc, il n'y en a pas un seul parmi eux, de suffisamment lettré, il faut bien que l'administration supérieure choisisse, malgré elle, un maire ignorant.

FRANÇOIS.

J'en conviens ; mais pourquoi l'instituteur qui sait bien lire, écrire et compter, qui a étudié à l'école normale primaire, et qui y a appris les premières règles de l'administration municipale, ne serait-il pas le secrétaire de la mairie ?

C'est le dimanche et sur les bancs de l'école, que siége le conseil municipal. C'est dans une armoire de la salle d'école, que l'on déposerait les procès-verbaux des délibérations, les tableaux du cadastre, les titres de la commune, les registres de l'état civil, les rôles de toute espèce étiquetés, rangés, et par ordre, les circulaires des préfets et le *Bulletin des lois*.

Aujourd'hui, et pour la commodité des maires, toutes ces pièces sont renfermées, sans inventaire et sans contrôle, dans l'armoire à peine fermée de leur chambre à coucher, et elles sont remises sans récolement, de la main à la main, des maires sortants aux maires entrants. Souvent, tout y est pêle-mêle et dans un inexprimable désordre. L'humidité gâte les papiers et registres ; la dent des souris et des rats les ronge ; quelquefois, la femme ou la servante du maire arrache des feuilles, au hasard, à un volume ou à un procès-verbal, pour envelopper son beurre ou son fromage ; quelquefois ces papiers, épars sur une table, sont à la disposition du premier venu, et salis, noircis d'encre, tachés de graisse, enfumés. Les années, les mois, les numéros des circulaires, se confondent. Il n'y a peut-être pas, et, qu'on en fasse la vérification, une commune rurale sur cent, sur cinq cents peut-être, qui ait, depuis l'origine, son *Bulletin des lois* en règle et complet. Or, à ne partir que de l'an 1800, c'est quarante-cinq ans passés. L'abonnement de chaque commune est de 9 francs par an. Ne prenons que trente mille communes rurales, c'est un capital, qui le croirait? un capital perdu de plus de 12 millions.

Ajoutons que la plupart des maires, simples cultivateurs, logent souvent loin du point central, ou travaillent dans les champs, et lorsque l'adjoint ou des habitants du chef-lieu ou du dehors, ont besoin de vérifier un titre ou de se faire délivrer l'expédition d'un acte civil, ils sont obligés de revenir, ne le trouvant pas, jusqu'à trois ou quatre fois chez le maire. Or, calculez, additionnez ce nombre immense de journées, de moitiés, de quarts de journées, perdues pour les travailleurs.

N'a-t-on pas à craindre aussi que dans toutes ces allées et venues de la maison du maire au conseil municipal, les titres les plus précieux et les feuilles volantes ne tombent dans la boue, ne se déchirent, ne s'égarent et ne se retrouvent plus?

Au contraire, le maître d'école, surtout lorsqu'il est élève de l'école normale primaire et secrétaire, est toujours là. Il lit sans ânonner et sans contre-sens, et c'est son métier, les écritures de la sous-préfecture, devant le conseil municipal; il rédige correctement les délibérations, mettant les points sur les i, les réponses à côté des questions, et les chiffres à leur place; il prépare d'avance, et selon la formule, les actes que le maire n'a plus qu'à signer. Ce qui épargne du temps aux gens de la campagne, qui n'en ont pas à perdre.

N'ayant pas de travaux manuels et au dehors, on le trouve chez lui, à toute heure du jour, sauf les jours

ordinaires de congé. Comme il reçoit déjà un traitement, ce n'est plus qu'une légère addition de salaire à
lui donner, et c'est donc le secrétaire à meilleur marché
qu'on puisse avoir, et le plus instruit, et le plus exact,
et le plus conservateur, et le plus connu des habitants
et presque partout, tranchons le mot, le seul qui existe.
Il n'y aura pas de commune bien organisée, en bonne
tenue, en bonne administration, en bonne marche régulière et suivie, tant que la modique et indispensable
dépense du maître d'école secrétaire ne sera pas portée
sur le budget municipal, au nombre des dépenses fixes
et obligatoires.

MAÎTRE PIERRE.

Je serais d'autant plus de cet avis, François, que
déjà, dans plusieurs départements, les élèves-maîtres
suivent à l'école normale primaire un cours d'administration municipale, et qu'ils pourraient diriger les maires à peu près illettrés des campagnes, soit pour la meilleure formulation des actes, soit pour l'accomplissement
plus exact, plus rapide, et mieux ordonné, de leurs
fonctions.

XL

LE SOUS-PRÉFET.

MAÎTRE PIERRE.

Comment, François, il y a dix ans que tu es maire de notre village et tu vas donner ta démission?

FRANÇOIS.

Que voulez-vous, maître Pierre, nos affaires administratives ne marchent pas. Notre petite rivière s'embourbe, et nous aurions besoin que l'autorité supérieure, après visite des lieux, ordonnât elle-même, et d'office, le curage. Nous avons à choisir entre deux chemins, pour la vicinalité de l'un ou de l'autre, et la réponse à notre consultation n'arrive pas. L'an dernier, il fallait au toit de notre église quelques tuiles de réparation ; l'eau a passé à travers, et maintenant la poutre va tomber. Nous pressons aussi l'arrangement d'un procès. Il ne faudrait qu'un mot de l'administration pour terminer, et on ne le dit point.

MAITRE PIERRE.

Est-ce que votre sous-préfet manque de zèle?

FRANÇOIS.

Non pas.

MAITRE PIERRE.

De lumières peut-être?

FRANÇOIS.

Non pas.

MAITRE PIERRE.

De quoi manque-t-il donc ?

FRANÇOIS.

Il manque à visiter notre commune, et il faudrait que l'ordre lui en vînt de ses supérieurs, et qu'au lieu d'être des fonctionnaires sédentaires, les sous-préfets ne fussent, la plus grande partie de l'année, que des surveillants en tournée, des visiteurs perpétuels de communes.

MAITRE PIERRE.

Sérieusement, est-ce que tu voudrais faire de notre sous-préfet un coureur de mairies, un inspecteur ambulant d'affaires administratives?

FRANÇOIS.

Et pourquoi pas, maître Pierre? il me semble que dans une société bien réglée, l'administration doit aller se mettre à la portée de l'administré, comme la justice à la portée des justiciables. Les dix-neuf vingtièmes des citoyens ne vivent que de leur journée de travail. La loi doit veiller à ce qu'ils ne la perdent pas.

Les maires de campagne sont, d'ordinaire, des laboureurs, ou des aubergistes, ou des hommes d'industrie et de labeur. Ils n'abordent un sous-préfet chez lui, qu'avec embarras. Ils hésitent, ils se troublent, ils ne disent

que la moitié de la chose, et ils s'expliquent mal, sans
clarté, sans précision. Ils attendent, d'ailleurs, au dernier moment pour aller à la ville. Les affaires, la timi-
dité, la paresse, la saison du travail, l'éloignement, le
mauvais temps, le froid ou le chaud, mille autres motifs,
tout les retient. Ils laissent ainsi s'empirer le dommage.
Ils manquent l'occasion.

Au contraire, chez eux, ils sont plus à leur aise, plus
maîtres de leurs idées, moins à court. Ils sont sur leur
territoire. Ils appellent les choses par leur nom, les
voient, les palpent et les montrent du doigt. Ils expliquent le droit par le fait. Ils ont, pour affermir leur mémoire, pour articuler les faits et poser bien les questions, des amis, des témoins, des adjoints, des membres
du conseil municipal. Les registres qui ne se déplacent
pas, les documents des archives, la série des pièces,
des actes, des contrats, et les témoignages, leur viennent en aide.

Supposez maintenant, maître Pierre, que je sois sous-
préfet.

MAÎTRE PIERRE.

Eh bien, que ferais-tu?

FRANÇOIS.

Je visiterais, au moins deux fois par an, toutes les
communes de mon arrondissement, sans en omettre une
seule. J'écrirais à chaque maire : Couchez d'avance sur
le papier tout ce que vous avez à me dire, vos plaintes,
vos besoins, vos procès, vos difficultés administratives
de toute espèce, et n'oubliez rien. Prévenez les parties
intéressées. Réunissez votre conseil municipal tel jour,
à telle heure, attendez-moi, et j'y serai.

Et j'y serais.

Je ferais connaissance avec ces braves gens, et je saurais de leur bouche, ce qu'ils veulent. Je feuilletterais les registres de l'état civil, pour m'assurer s'ils sont proprement et régulièrement tenus; si les plans cadastraux ne sont point gâtés, et s'ils sont complets; si on a dressé le tableau des chemins vicinaux; si les matrices des contributions, les listes de prestation en argent ou en nature, les procès-verbaux d'élections municipales, la comptabilité des revenus fonciers, baux, rentes et coupes de bois, les circulaires du préfet et le *Bulletin des lois* sont en ordre; si les délibérations du conseil municipal ainsi que les autorisations, devis, pièces et quittances, sont à jour et en état. J'entrerais dans l'école primaire, j'interrogerais l'instituteur et les enfants; je saurais leur nombre, leur âge, leur sexe, leur tenue, leurs dispositions, leurs rétributions, leurs méthodes; je verrais si l'école est propre, vaste, éclairée et ventilée, et si les parents, le comité spécial et les élèves sont contents du maître, de son zèle, de sa conscience, de son assiduité, de sa fermeté, de sa douceur et de sa moralité.

Si des plaintes s'élevaient contre le garde champêtre, l'adjoint, le maire, le percepteur, ou l'instituteur, je les écouterais avec patience, et je les apprécierais sans prévention.

S'il y avait quelque manquement à la police, pour des interruptions de chemins, des barrages de gué, des exhaussements de déversoir, des anticipations sur la voie publique, des ouvertures de cabarets aux heures défendues, des tapages nocturnes et autres contraventions, j'ordonnerais qu'on tint la main aux règlements.

Si le curé et le maire avaient entre eux quelque conflit d'autorité, ou mésintelligence, ou malentendu, qui les divisât ainsi que la commune, je rétablirais par mes exhortations la bonne harmonie.

Si la commune était sur le point de plaider avec un ou plusieurs de ses habitants, pour la jouissance d'un puits banal, la répartition des affouages, la taxe d'une pâture, l'empiétement d'un chemin vicinal, le passage d'un gué, la dérivation des eaux d'une fontaine ou d'un abreuvoir, le curage d'une rivière, l'exécution d'un bail, l'emplacement d'un marché ou champ de foire, la perception d'un tarif ou droit d'usage, une usurpation de propriété, une redevance, une servitude ou tout autre objet, j'interviendrais paternellement pour concilier les parties, promettre les facilités et le concours de l'administration, et terminer le différend, s'il y avait lieu, à l'amiable et à l'instant.

S'il y avait quelque réparation à faire à la mairie, à la maison d'école, au presbytère communal, aux murs du cimetière, au toit de l'église, aux fontaines, puits ou abreuvoirs publics, quelque démolition de bâtiments menaçant ruine, quelque alignement pour redresser ou agrandir la voie publique, une place à déblayer, une promenade ou des bords de rivière, de chemins, de terrains communaux à planter, un devis de construction à débattre, un emplacement à choisir, un chemin à classer, à réparer, à élargir, à diriger, je serais là, je verrais les lieux, je dresserais verbalement et provisoirement une enquête *de commodo et incommodo*, et j'indiquerais les actes à rédiger et la marche à suivre.

Souvent, en matière administrative, lorsqu'il s'agit de faits surtout, un coup d'œil d'une minute vaut mieux qu'une heure de réflexion. Les difficultés, qui se grossissent et s'embrouillent par les écritures, se simplifient et se dénouent par l'aspect des lieux ; les correspondances les plus nettes et les plus longues ne valent pas une courte explication de vive voix.

Je passerais en revue, un à un, tous les objets qui intéressent la commune. Je prendrais des notes sommaires sur sa géologie, sur sa statistique, la direction et l'embranchement de ses chemins, l'état général de sa viabilité et les moyens naturels de l'améliorer ; le cours plus ou moins embarrassé de ses eaux, ses gués, ses moulins, ses ponts et ponceaux, ses fontaines, ses étangs, ses pâtures, ses bois, ses marais, ses landes, bruyères et terres vagues, ses mines et carrières, son agriculture et son industrie, le mouvement de sa population, sa constitution météorologique et hygiénique.

J'étudierais le personnel de ses maires, adjoints, conseillers municipaux ; de son pasteur, de son instituteur et du comité local d'instruction.

Je saurais les dépenses, les revenus et les dettes de la commune ; les forces et la composition de la garde nationale ; les mœurs, les habitudes, le caractère et l'esprit des habitants ; leurs vœux, leurs nécessités et leurs ressources ; la proportion de leurs pauvres et de leurs malades, de leurs enfants et de leurs vieillards ; ce qui manque à leurs besoins, à leurs échanges, à leurs communications, à leurs exploitations, à leur discipline, à leur instruction, à leur moralité et à leur bien-être.

En un mot, je connaîtrais mieux mon arrondissement et je lui aurais fait plus de bien, avec deux inspections générales au bout de l'année, qu'avec une simple correspondance, au bout de vingt ans.

Le devoir de l'administration départementale est de se rapprocher, le plus possible, du peuple des petites villes, bourgs et villages, pour lui communiquer ses conseils, ses secours, sa règle et sa protection.

MAITRE PIERRE.

De même, le devoir de la justice est de se rapprocher le plus possible des petits justiciables. Si tu veux, à ton tour, m'écouter, François, je vais te dire comment j'entends cela.

XLI

LES JUSTICES DE PAIX.

FRANÇOIS.

Mon Dieu, que la justice est chère et qu'il en coûte
pour avoir raison !

MAITRE PIERRE.

Aussi, pourquoi plaides-tu ?

FRANÇOIS.

Que voulez-vous, Mathurin m'a volé un sillon de
terre ; j'ai crié, j'ai appelé l'huissier à mon secours, j'ai
assigné, j'ai cité, j'ai plaidé, j'ai perdu, je dois payer,
et je suis un homme assassiné, ruiné !

MAITRE PIERRE.

C'est ta faute, tu n'aurais pas dû aller plus loin que le
juge de paix, et te voici en cour royale ! je te plains,
mon cher François, encore plus que je ne te blâme ;
car voilà comme vous êtes tous !

Il faut l'avouer : tout bien a quelque mauvais côté. La
division des propriétés a fait des citoyens, fondé la liberté par l'égalité, augmenté la population, enrichi

l'agriculture ; mais elle a multiplié les procès. Un père meurt ; on coupe en quatre son héritage ; mais on ne songe pas à borner les quatre parts du modeste champ. Au bout de quelque temps, les possesseurs ont pris la volée et se dispersent : voilà la guerre entre les petits-enfants. Souvent le partage a été fait à l'amiable pour éviter les frais, et il n'en reste plus de trace que l'incertitude de la possession.

Le campagnard n'aliène que par nécessité. Il achète plutôt qu'il ne vend ; d'échange, point. Il se méfie, il garde ce qu'il a. Nuit et jour, il veille sur son enclos ; mais une loque de terre, sise loin de sa maison, tente les voisins. De là usurpation, plainte et procès.

Le petit marchand, qui compte le soir ses sous empilés, n'est pas plus âpre au gain que le campagnard n'est âpre à la propriété.

Le démon de la propriété le sollicite et l'obsède. Avoir, garder et s'agrandir, voilà toute sa vie. En labourant le sien, il lorgne le champ de son voisin. Il a la concupiscence du sillon, comme César et Napoléon avaient la concupiscence des royaumes et des empires. Il n'y a de différence, à tout prendre, entre ces petits et ces grands envahisseurs, que l'objet du larcin. Le plaideur campagnard a ses ruses de guerre, ses stratagèmes ; il choisit l'ombre, la nuit, un temps de brume, pour déplacer une borne. Il prémédite longuement une usurpation de quelques pieds.

Il épie, il attend l'éloignement, l'absence d'un voisin, une maladie qui le retienne au logis, des soucis qui le distraient, son sommeil ; puis, il tond la haie mitoyenne, ou, à demi caché dans le creux du fossé, il en rejette les terres de son côté et dit : Le fossé m'appartient, puisqu'il n'y a de jet que sur moi. La haie m'appartient, puisque je l'ai tondue : je possède, parce que je possède.

N'alléguez pas qu'il y a eu ruse, surprise, mauvaise foi ; car délicatesse, bons procédés, justice, où aurait-il appris cela ? est-ce qu'il a reçu une éducation morale ? ses parents l'ont envoyé tout enfant à la maraude, et, quand il revenait les mains égratignées, mais pleines de butin, on lui disait : C'est bien, mon garçon, pourvu que l'on ne te voie pas !

Il y a une chose qu'il faudrait sans cesse répéter aux campagnards, c'est : Ne prenez pas la propriété d'autrui, ne prenez pas la propriété d'autrui, ne prenez pas la propriété d'autrui !

Le curé du village a peu de temps et grand'peine à leur enseigner les mystères et le dogme. Dès que leur première communion est achevée, leurs parents les mettent en service ; mais cela fait, il n'est plus question pour eux de morale ; en sorte qu'ils n'en savent pas un mot.

A qui la faute ? A eux ? Non, la faute en est à leur mauvaise, à leur incomplète éducation ; car la morale s'apprend comme tout le reste, et nous ne la leur enseignons pas. Aussi cèdent-ils à l'aiguillon de l'intérêt qui les pique sans cesse de la tête aux pieds ; aussi n'est-il guère de paysan qui n'ait été, une fois dans sa vie, tenté par le diable, et qui ne se soit dit : Si je prenais ce sillon, si je déplaçais cette borne, si j'émondais cet orme, si je tondais cette haie, si je comblais ce fossé ! Mais la peur des frais, de l'amende, la crainte des représailles, la cherté des huissiers et des avocats, le défaut d'argent pour les avances, tout cela les retient. Cependant le malin diable l'emporte, et ils sautent le pas.

Le campagnard est ingénieux à se donner le change sur son injustice. Il se persuade ou se fait persuader que ses titres lui attribuent l'objet qu'il convoite. Son raisonnement habituel est que, ne trouvant pas la mesure que ses contrats lui indiquent, c'est le voisin qui l'a prise. Cela imaginé, il s'achemine vers la ville, en tournoyant dans ses mains le parchemin caché sous sa blouse, et il l'exhibe à l'homme de loi : l'homme de loi lui donne raison, cela va sans dire, car il faut que l'homme de loi vive, et il est rare que le campagnard, sorti de chez lui avec le vague désir d'une transaction, n'y rentre pas avec la ferme résolution de plaider.

Les financiers, gens habiles, ont calculé combien la méchanceté des hommes, l'ignorance, l'avidité, la manie du plaid, pouvaient rapporter au timbre et à l'enregistrement. Il n'y a pas de texte de loi qui, dans les mains d'un praticien ingénieux, ne soit sujet à deux sens divers, si ce n'est à trois. Il n'y a pas de contrat où la clause la plus lumineuse ne soit obscure pour la mauvaise foi, sans compter les clauses omises. Il n'y a pas de propriété, maison, champ, pré, bois, qui ne doive tôt ou tard payer tribut à la chicane. Il n'y a pas d'huissier, de greffier, de notaire, d'avoué, qui n'ait acheté sa charge fort cher, et qui n'ait à la rembourser, engraisser et nourrir. Il n'y a pas une veine du malheureux plaideur qui ne soit ouverte et par où son sang ne coule.

Quoi de plus contraire à la charité, à l'esprit de conciliation et de bienveillance, à la véritable justice?

Tout pauvre homme qui s'enferre dans un procès est ruiné, lui et sa famille, soit qu'il perde ou qu'il gagne.

De la morale publique, des rapports de bon voisinage, de la paix des familles, on ne tient compte. Qu'importe cependant, en fin de procès, à la société, que telle parcelle de terre soit à Pierre ou à Paul? mais il importe beaucoup de ne point éterniser, entre les habitants d'une même commune, des haines, des disputes, des aigreurs, des récriminations, des vengeances héréditaires. Il y aurait de la moralité, et une très-grande, à couper court aux procès, à les trancher par le pied, dès qu'ils poussent : justice vite expédiée, est toujours la meilleure.

Il faut que je te dise à ce propos, François, une vraie histoire de ma commune.

Il y a dans cette commune une langue de pré qui rapportait 6 francs l'an, et de capital valant 150 francs, bien payé. Qui fauchera ce pré, dit Jacques? C'est moi, répondit Roger, car j'ai la possession. Jacques répliqua : Tu en as menti : car c'est moi qui possède. Vite une citation. Le juge de paix ne peut ou ne veut les concilier ; l'affaire passe aux avoués, au tribunal, aux experts, aux enquêtes, à la cour royale, à la cour de cassation ; bref, le mémoire des frais se monte à deux mille écus. Le pré est comme frappé de stérilité, comme condamné à mort; son herbe jaunit, la faucille n'ose l'approcher, et les ronces et les joncs s'en emparent et le couvrent : les plaideurs même ne s'en soucient plus, eux ou plutôt leurs héritiers, car les plaideurs sont morts à la peine ; ils se lamentent, se dé- goûtent, et las de plaider, mais trop tard, ils avouent qu'ils ont fait une sottise. Pourtant, le greffier, et l'a- voué, et l'avocat, et l'huissier, leur pressent les flancs, et ils replaident, non pas à cause du principal, mais à cause de l'accessoire ; non pas à qui aura le bout de pré, mais à qui ne payera pas les frais.

Voilà, François, je te le dis, une histoire de ma com- mune qui est celle de bien d'autres.

FRANÇOIS.

Et moi, maître Pierre, voici la mienne, qui vaut bien la vôtre.

J'ai vu, de mes propres yeux vu, un procès encore plus ridicule, pour chose encore plus mince.

Il s'agissait d'un orme ébranché et tout rabougri, qui végétait sur la lisière d'un pré et d'une terre labou- rable. A qui l'arbre ? à Jacques qui a la terre, ou à Jean qui a le pré ? Grande question. Pas de conciliation ; on va au pétitoire, devant le juge civil : descente sur lieu, expertise, interrogatoire et arpentage, rien n'y manque ; témoins d'accourir à pied, en voiture, à cheval ; les ar- penteurs, armés de leur longue chaîne, arment le ter- rain ; les avoués assistent leurs clients, le juge-commis- saire interroge, et le greffier écrit. C'était chose plai- sante de voir les témoins, gens intimidés et inintelligents, répondre oui ou non, selon la question plutôt que selon le fait. — Vous avez vu couper l'herbe autour de l'orme ? — Oui monsieur. — Vous n'avez pas vu couper l'herbe autour de l'orme ? — Non, monsieur. — C'est bien, oui et non, nous y sommes ! l'enquête sera rapportée, le tribunal en décidera.

19

Le tribunal, qui n'a pas vu les lieux, ni entendu les parties, ni compris les réponses, n'en sait pas plus long après que devant, un peu moins même : car, à mesure que l'affaire se croise et que les fils se brouillent, l'obscurité devient double et triple ; il n'y voit plus clair du tout. Il juge cependant, parce qu'il faut qu'il juge, et il juge de travers : autant vaudrait jeter le procès en l'air, à croix ou à pile. L'orme, au milieu de tout cela, devient ce qu'il peut. Il faut payer témoins, huissiers, commissaires, avoués, experts, avocats, arpenteurs. Mille écus, c'est le moins ; les dépens sont compensés : c'est 1,500 francs de frais pour chacun des plaideurs. L'arbre valait 6 francs. Ayez des procès !

MAITRE PIERRE.

La plupart de ces procès, François, tomberaient avec un meilleur système de justices de paix.

FRANÇOIS.

Vous trouvez donc que l'organisation actuelle de ces tribunaux inférieurs ne vaut rien ?

MAITRE PIERRE.

Oui, François, et l'on n'a vu que trop de juges de paix, pris parmi toutes sortes de gens fort peu propres à ce métier : gens de procédure, avoués démissionnaires, qui, au lieu de terminer les affaires, les dépêchent à l'étude de leurs successeurs ; gens de loi, avocats ou demi-avocats, dont le seul désir est d'ajouter un petit salaire fixe à leur petit revenu ; gens de négoce ruinés et sans crédit, qui expédient une justice de paix, comme ils feraient tout autre genre d'industrie ; gens casaniers, qui ne veulent pas sortir du logis et qui tisonnent la justice au coin de leur feu ; gens âgés, quelquefois in-

firmes, qu'on ne peut tirer de leur fauteuil, qu'en désespoir de cause et à la dernière extrémité ; légistes de
forme plus que de droit ; conciliateurs sans grand zèle et,
par conséquent, sans succès, comme ceux qui font une
chose par état plutôt que par dévouement ; magistrats
passables pour la ville et la bourgade où ils domicilient,
mais ne valant rien pour les communes rurales, où on
ne les voit jamais.

FRANÇOIS.

Il y a sans doute de la vérité dans ce que vous dites
là ; cependant il faut reconnaître aussi qu'il y a, en
France, une foule de juges de paix instruits, zélés, dés-
intéressés, paternels, aimés des justiciables et dignes
de l'être. Mais comment entendriez-vous donc une nouvelle et meilleure organisation de la justice de paix ?

MAITRE PIERRE.

Cette organisation serait bien simple, François, et je
regrette que la brièveté de notre entretien ne me
permette de te l'exposer que d'une manière sommaire.

Chaque juge de paix tiendrait quatre sessions d'assises communales par an, c'est l'affaire de quinze jours
tous les trois mois. Il serait alors suppléé au chef-lieu
par l'un de ses assesseurs. Le juge de paix avertirait
huit jours d'avance chaque maire, qui dresserait sommairement le rôle des causes, mettrait par ordre les
procès-verbaux de contravention, et annoncerait la ve-
nue du juge, à son de tambour et par affiches et publications, avec invitation aux plaignants d'envoyer à la
mairie la liste de leurs témoins, ainsi que l'articulation
des faits et griefs reprochés, d'indiquer les lieux ou

objets litigieux, et d'apporter avec eux les plans, titres et papiers.

Le juge de paix, assisté de son greffier, se munirait, selon les cas les plus communs, de formulaires de sentences brièvement libellés, et dont il n'y aurait plus que les blancs à remplir, et jugerait séance et place tenantes, si faire se pouvait, contradictoirement ou par défaut. Il prononcerait, en dernier ressort, des réintégrandes, restitutions, indemnités, dommages et intérêts et amendes, dans une limite raisonnable et prescrite, selon les matières, par le législateur.

Il délivrerait, sur lieu et sur-le-champ, expédition de son jugement aux parties, pour donner force de loi privée, aux transactions et conciliations volontaires qui viendraient de s'opérer par ses soins et sous ses yeux.

Les bornes déplacées et les usurpations commises sur les terres, arbres, haies, fossés et autres clôtures, ainsi que sur les cours d'eau, seraient rétablies à l'heure même ; le jugement contradictoire qui l'ordonnerait vaudrait titre pour les parties.

Il en serait de même pour les bornages à l'amiable et autres difficultés prévues par la loi, soulevées par les parties, et qui seraient assoupies et réglées par son intervention paternelle.

Ainsi la justice viendrait s'asseoir à la porte du travailleur, pour épargner son temps, ses peines et son argent. Elle communiquerait son intelligence aux ignorants, et sa force aux faibles contre les puissants, aux usurpés contre les usurpateurs. Elle dérouterait, à peine nées, les combinaisons de la mauvaise foi. Elle couperait la racine des procès. Elle préviendrait la dure nécessité de punir plus tard les grands crimes, en frappant de légères corrections les petits délits. Elle expliquerait les malentendus avant qu'ils ne se changeassent en récriminations, et les mésintelligences avant qu'elles ne devinssent des haines. Elle assurerait, en les déterminant, les rapports de bon voisinage; elle remettrait par la promptitude de ses jugements et par la persuasion de ses conseils, la paix dans les familles, la règle dans les esprits et la sécurité dans la commune

TABLE.